A ÁLGEBRA DA FELICIDADE

SCOTT GALLOWAY

Autor de Os Quatro, Best-Seller do **New York Times**

A ÁLGEBRA DA FELICIDADE

Notas sobre a Busca por Sucesso, Amor e Significado

ALTA LIFE
EDITORA

Rio de Janeiro, 2020

A Álgebra da Felicidade
Copyright © 2020 da Starlin Alta Editora e Consultoria Eireli. ISBN: 978-85-508-1403-2

Translated from original The Algebra of Happiness. Copyright © 2019 by Scott Galloway. ISBN 978-0-5930-8419-9. This translation is published and sold by permission of Portfolio / Penguin, an imprint of Penguin Random House LLC, the owner of all rights to publish and sell the same. PORTUGUESE language edition published by Starlin Alta Editora e Consultoria Eireli, Copyright © 2020 by Starlin Alta Editora e Consultoria Eireli.

Todos os direitos estão reservados e protegidos por Lei. Nenhuma parte deste livro, sem autorização prévia por escrito da editora, poderá ser reproduzida ou transmitida. A violação dos Direitos Autorais é crime estabelecido na Lei nº 9.610/98 e com punição de acordo com o artigo 184 do Código Penal.

A editora não se responsabiliza pelo conteúdo da obra, formulada exclusivamente pelo(s) autor(es).

Marcas Registradas: Todos os termos mencionados e reconhecidos como Marca Registrada e/ou Comercial são de responsabilidade de seus proprietários. A editora informa não estar associada a nenhum produto e/ou fornecedor apresentado no livro.

Impresso no Brasil — 1ª Edição, 2020 — Edição revisada conforme o Acordo Ortográfico da Língua Portuguesa de 2009.

Publique seu livro com a Alta Books. Para mais informações envie um e-mail para autoria@altabooks.com.br

Obra disponível para venda corporativa e/ou personalizada. Para mais informações, fale com projetos@altabooks.com.br

Produção Editorial Editora Alta Books **Gerência Editorial** Anderson Vieira	**Produtor Editorial** Illysabelle Trajano Juliana de Oliveira Thiê Alves **Assistente Editorial** Ian Verçosa	**Marketing Editorial** Livia Carvalho marketing@altabooks.com.br **Editor de Aquisição** José Rugeri j.rugeri@altabooks.com.br	**Vendas Atacado e Varejo** Daniele Fonseca Viviane Paiva comercial@altabooks.com.br	**Ouvidoria** ouvidoria@altabooks.com.br
Equipe Editorial	Adriano Barros Ana Carla Fernandes Keyciane Botelho Larissa Lima	Laryssa Gomes Leandro Lacerda Maria de Lourdes Borges	Paulo Gomes Raquel Porto Rodrigo Dutra	Thais Dumit Thales Silva Thauan Gomes
Tradução Luciana Ferraz	**Copidesque** Maíra Meyer	**Revisão Gramatical** Ana Gabriela Dutra Thamiris Leiroza	**Diagramação** Luisa Maria Gomes	

Erratas e arquivos de apoio: No site da editora relatamos, com a devida correção, qualquer erro encontrado em nossos livros, bem como disponibilizamos arquivos de apoio se aplicáveis à obra em questão.
Acesse o site www.altabooks.com.br e procure pelo título do livro desejado para ter acesso às erratas, aos arquivos de apoio e/ou outros conteúdos aplicáveis à obra.

Suporte Técnico: A obra é comercializada na forma em que está, sem direito a suporte técnico ou orientação pessoal/exclusiva ao leitor.

A editora não se responsabiliza pela manutenção, atualização e idioma dos sites referidos pelos autores nesta obra.

Dados Internacionais de Catalogação na Publicação (CIP) de acordo com ISBD

G174a   Galloway, Scott
          A Álgebra da Felicidade: notas sobre a busca por sucesso, amor e significado / Scott Galloway; traduzido por Luciana Ferraz. - Rio de Janeiro : Alta Books, 2020.
          256 p. ; 14cm x 21cm.

          Tradução de: The Algebra Happiness
          ISBN: 978-85-508-1403-2

          1. Autoajuda. 2. Desenvolvimento pessoal. 3. Estratégia de vida. 4. Motivação. I. Ferraz, Luciana. II. Título.

2020-253   CDD 158.1
                                                      CDU 159.947

Elaborado por Odilio Hilario Moreira Junior - CRB-8/9949

Rua Viúva Cláudio, 291 — Bairro Industrial do Jacaré
CEP: 20.970-031 — Rio de Janeiro (RJ)
Tels.: (21) 3278-8069 / 3278-8419
www.altabooks.com.br — altabooks@altabooks.com.br
www.facebook.com/altabooks — www.instagram.com/altabooks

ASSOCIADO

Para

George Thomas Galloway

(Vulgo Pai)

Scott Galloway é autor best-seller do *New York Times* pelo livro *The Four: The Hidden DNA of Amazon, Apple, Facebook, and Google* [sem publicação no Brasil]. Além de ser professor na Stern School of Business da Universidade de Nova York, é empreendedor em série, tendo fundado nove empresas, incluindo L2, Red Envelope e Prophet. Em 2012, foi indicado como um dos "50 Melhores Professores de Faculdades de Administração do Mundo" pelo site Poets & Quants. Sua série semanal no YouTube, "Winners & Losers", tem obtido dezenas de milhões de visualizações. É coapresentador do podcast *Pivot* com Kara Swisher, da Recode, e autor da newsletter No Mercy/No Malice.

Agradecimentos

Foi recompensador reunir a turma para este livro. Jim Levine, meu agente, me mantém (a maior parte do tempo) na linha e é uma fonte constante de apoio e inspiração. Niki Papadopoulos, minha editora, será veterinária em sua próxima vida, pois ela é forte e, ao mesmo tempo, gentil. Nesta vida, ela manteve a mim e ao trabalho no caminho certo.

Minha colega Katherine Dillon é meu alicerce profissional, e Kyle Scallon passou noites e finais de semana ajudando estes conceitos a existirem. Maria Petrova usa suas habilidades poliglotas para fazer com que minha primeira e única língua seja absorvida mais facilmente.

Beata, obrigado por trazer felicidade e alegria para nossa casa todos os dias. Eu te amo.

Sumário

Agradecimentos
ix

Introdução
1

Sucesso
33

Amor
111

Saúde
191

Epílogo
223

Notas
231

A Álgebra
DA
Felicidade

Introdução

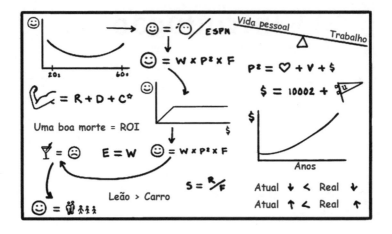

A Álgebra da Felicidade

Em 2002, me tornei docente da Stern School of Business da Universidade de Nova York (NYU, na sigla em inglês). Mais de cinco mil alunos cursavam minha disciplina de Estratégia de Marca.

Eles formam um grupo notável, integrado por Fuzileiros Navais da Geórgia a consultores de TI de Nova Delhi. Eles estão ali para aprender sobre valor temporal do dinheiro, estratégia e comportamento do consumidor. Mas nosso tempo juntos costuma variar de estratégias de marca a estratégias de vida: Qual carreira devo escolher? Como posso me preparar para o sucesso? Como posso conciliar ambição com crescimento pessoal? O que posso fazer hoje para que não tenha arrependimentos aos 40, 50 ou 80 anos?

Abordamos essas questões na aula mais popular: a última palestra de três horas intitulada "A Álgebra da Felicidade". Nessa aula estudamos sucesso, amor e a definição de uma vida bem vivida. Em maio de 2018, postamos no

YouTube uma versão resumida. O vídeo foi visto por mais de um milhão de pessoas nos primeiros dez dias. Minha editora me incentivava a escrever uma continuação do *The Four: The Hidden DNA of Amazon, Apple, Facebook, and Google* [sem publicação no Brasil], e, para seu espanto, informei-a que meu segundo livro seria sobre felicidade.

Não tenho credibilidade acadêmica ou referências que indiquem que eu deveria aconselhar as pessoas sobre como viver suas vidas. Fali algumas empresas, divorciei-me aos 34 anos e, recentemente, o investidor de risco mais bem-sucedido da história ligou para os sócios da General Catalyst — meus investidores da L2 — para desencorajá-los (sem brincadeira) a investir na minha empresa com o argumento de que eu era "louco". Nota: eles investiram mesmo assim e se deram (muito) bem.

Na verdade, você precisaria se esforçar muito para enxergar minha vida como uma estrutura para a felicidade. Cresci como uma criança comum na Califórnia nos anos 1970. Eu era magrelo e estranho, tirava notas medíocres e não me saía bem em provas. Candidatei-me à UCLA (Universidade da Califórnia em Los Angeles) e fui rejeitado, o que não me pareceu importante — meu pai me garantiu: "Alguém com sua experiência de vida não precisa de faculdade." Eu não tinha nenhuma, só um pai com uma nova família e que não queria pagar as mensalidades. No entanto, ele me arranjou um emprego como instalador de móveis. O trabalho pagava entre US$15 e US$18 a hora, o que parecia muito dinheiro. Eu poderia comprar um carro, meu único objetivo na época.

No último ano do colégio, após a aula, íamos à Westwood Village tomar sorvete. Meus amigos furtavam lojas. Eu ia para casa quando eles começavam a enfiar camisetas do Peter Frampton nas calças — não por ser mais ético, mas porque minha mãe solteira não aguentaria uma ligação da Polícia de Los Angeles solicitando que ela me buscasse. Voltando de Westwood Village, atravessei a Hilgard Avenue, onde as repúblicas da UCLA se enfileiravam pela rua. Era a semana de volta às aulas, e havia milhares de garotas em frente a suas casas cantando, o que parecia uma mistura de um quadro de Norman Rockwell e um filme da madrugada do Cinemax.

Naquele momento decidi que precisava ir para a faculdade, e fui para casa escrever outra carta para a coordenadoria de processos seletivos da UCLA. Disse-lhes a verdade: "Sou natural da Califórnia, criado por uma mãe solteira imigrante que é secretária, e se não me deixarem entrar, instalarei móveis pelo resto da vida." Fui aceito nove dias antes de as aulas começarem. Minha mãe disse que, como a primeira pessoa da família a entrar na faculdade, eu agora podia "fazer qualquer coisa".

Como minhas opções eram infinitas, dediquei-me a passar os cinco anos seguintes fumando quantidades absurdas de maconha, praticando esportes e assistindo à trilogia de O Planeta dos Macacos dezenas de vezes, parando essa rotina apenas para ter relações sexuais casuais. Exceto pelo último aspecto, eu era extremamente bem-sucedido.

No último ano, a maioria dos meus amigos começava a tomar jeito, concentrando-se nas notas, na pós-graduação ou em conseguir um emprego. Como nenhuma boa ação fica sem punição, retribuí a generosidade dos contribuintes da Califórnia e a visão dos diretores da UCLA com uma média de 2.27. Precisei de um quinto ano na universidade, já que reprovei em sete matérias e não tinha créditos suficientes para me formar. Novamente, não importava, já que havia mais maconha e filmes de ficção científica a serem consumidos, e não havia nada atraente esperando por mim no mundo real.

Em meu último ano, tive um colega de quarto muito ambicioso que me despertou um estranho senso de competitividade. Ele tinha obsessão em ser banqueiro de investimentos. Não sabia o que era, mas, se Gary queria fazer aquilo, eu também faria. Fui bem nas entrevistas, menti sobre minhas notas e garanti um emprego como analista no Morgan Stanley. Ajudou o fato de que, como eu, o chefe do grupo

A Álgebra da Felicidade

tinha feito parte do time de remo na faculdade e decidira que todos os remadores estavam destinados a serem ótimos banqueiros de investimentos.

Após um período inexpressivo na profissão, decidi me candidatar à faculdade de administração, já que não tinha ideia do que queria fazer e era para onde minha namorada e melhor amigo estavam indo. O estado da Califórnia apostou novamente em mim e fui aceito na Haas School of Business da Berkeley. Durante meu segundo ano fui inspirado pelo professor David Aaker, que lecionava estratégia de marcas. Enquanto ainda estava na faculdade, fundei uma empresa de estratégia, a Prophet. A empresa teve bons resultados e acabou sendo vendida para a Dentsu. Em 1997, decidimos incubar diversas empresas de e-commerce no porão do escritório da Prophet, já que era isso que um MBA de cabeça raspada fazia nos anos 1990 em São Francisco. Resumindo, eu estava começando a encontrar meu caminho com a força do poder de processamento e da internet a meu favor.

Uma das empresas, a Red Envelope, foi envolvida pela prosperidade da época, culminando em uma IPO na NASDAQ — a única IPO de varejo de 2002. Agraciado com uma sorte incrível, uma ótima sócia (minha esposa) e o reconhecimento de ter nascido na era mais próspera da história, decidi que em vez de me contentar com minhas bênçãos, eu queria mais. Mais, caramba. Não sabia bem o que "mais" significava... então, optei por "diferente". Renunciei ao meu cargo no conselho da Red Envelope, pedi o divórcio à minha esposa, mudei-me para Nova York e entrei para o corpo docente da Stern School of Business da NYU. (Meu diagnóstico correto aos 30 anos era "deficiência de caráter".)

Em 2010, enquanto docente na Stern, publiquei um trabalho de pesquisa classificando marcas de luxo com base em sua competência digital. Muitas das empresas que pesquisei me procuraram, e, reconhecendo uma oportunidade comercial, fundei a empresa de inteligência empresarial L2. Hoje ela trabalha com um terço das cem maiores empresas de consumo do mundo. Em 2017, a L2 foi comprada pela Gartner, uma empresa de pesquisas de capital aberto (NASDAQ: IT).

No empreendedorismo, as altas são muito altas e as baixas, muito baixas. Luto contra uma depressão leve (principalmente raiva) e passo muito tempo pensando sobre como lidar com isso sem medicação ou terapia (nota: às vezes, é necessário recorrer a um ou ambos). Essa luta me levou a buscar conhecimento sobre como atingir não somente sucesso, mas felicidade. Compartilho minhas descobertas em

A Álgebra da Felicidade

meu blog, *No Mercy/No Malice* [Sem Dó/Sem Maldade, em tradução livre], mas não de forma organizada. Este livro é uma tentativa de consertar isso.

Nas páginas a seguir, compartilharei o que observei como empreendedor em série, acadêmico, marido, pai, filho e norte-americano, com uma grande quantidade de pesquisas. É importante salientar que minhas ideias neste livro são observações, e não uma pesquisa acadêmica revisada ou um mapa desenhado por alguém que já percorreu o caminho.

Dividi este livro em quatro seções. A primeira descreve as equações básicas que eu e meus alunos estudamos juntos todos os anos: se alguém fosse resumir a fórmula da felicidade a um número finito de equações, quais seriam? A segunda parte se aprofunda no que aprendi sobre sucesso, ambição, carreira e dinheiro em minha experiência como banqueiro de investimentos, empreendedor, professor de administração e voz sobre o impacto das grandes tecnologias de nossa economia e sociedade.

Os tópicos das seções um e dois são significativos. No entanto, o assunto em questão na seção três é profundo: amor e relacionamentos. Os jovens, especialmente homens, têm dificuldade em entender as mensagens contraditórias sobre como conciliar relacionamentos e sucesso para obter sentido pessoal e profissional em nosso mundo capitalista. A quarta e última seção desafia o leitor a encarar a pessoa no espelho e enfrentar problemas que abrangem o cuidado e a nutrição do corpo, demônios internos e nossos últimos dias na Terra.

Receber conselhos de vida de um professor deprimido e louco pode não fazer sentido. Talvez. Mas fiz minha lição de casa e, pelas próximas 200 e poucas páginas, serei o *seu* professor maluco. Espero que estas observações sem dó/sem maldade sobre sucesso e amor o ajudem a obter uma vida mais recompensadora.

O Básico

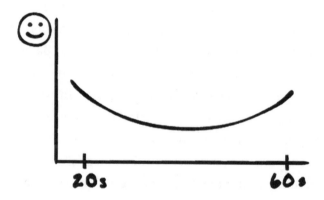

**Todos Conhecem Felicidade,
Estresse e Tragédia**

Seus anos de infância, adolescência e faculdade são compostos por Han Solo, cerveja, viagens de carro, sexo casual e autodescoberta. Mágica pura. Porém, dos 20 e poucos até os 40 e poucos, a coisa fica séria — trabalho, estresse e a percepção de que, apesar do que seus professores e sua mãe disseram, você provavelmente não será senador ou terá um perfume com seu nome. Conforme se envelhece, o estresse de construir uma vida que disseram que você merece, e é capaz de conquistar, se torna um fardo. Além disso, alguém que você ama fica doente e morre, e a dureza da vida se evidencia.

Então, aos 50 (antes, se for emotivo), você começa a perceber todas as maravilhosas bênçãos que estão em toda parte. Sim, em toda parte. Pessoas lindas que se parecem com você e têm seu cheiro (filhos). A água que se transforma em ondas que você pode surfar e outras maravilhas da natureza. A capacidade de oferecer algum tipo de esforço ou inteligência pelo qual as pessoas vão lhe pagar um valor, com o qual você pode sustentar sua família. A oportunidade de viajar pela superfície da atmosfera a uma velocidade próxima à do som para que possa ver as coisas incríveis que pessoas extraordinárias inventaram. E, quando acontece uma tragédia, muitas vezes ela é combatida por nossas melhores ideias: ciência. Você reconhece que seu tempo aqui é limitado, começa a sentir o perfume das rosas e a conceder a si mesmo a felicidade que merece.

Então, se na fase adulta descobrir que está estressado, até mesmo infeliz, às vezes, reconheça que isso faz parte da jornada e simplesmente siga em frente. A felicidade está à sua espera.

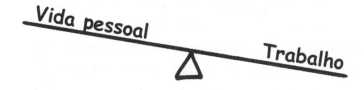

Trabalhe Enquanto É Jovem

Todos conhecemos alguém bem-sucedido, em forma, que toca em uma banda, é próximo dos pais, é voluntário em causas animais e tem um blog sobre comida. Suponha que você não seja essa pessoa. O equilíbrio ao desenvolver sua carreira, do meu ponto de vista, é um grande mito. O "struggle porn" ["pornografia do esforço", em tradução livre] dirá que se deve ser infeliz antes de ser bem-sucedido. Isso não é verdade: é possível obter muitas recompensas ao longo do caminho para o sucesso. Mas, se o equilíbrio é sua prioridade na juventude, então é preciso aceitar que, a menos que você seja um gênio, pode ser que não atinja o nível mais alto da segurança econômica.

A subida da trajetória de sua carreira se inicia (injustamente) nos primeiros cinco anos após a graduação. Se quiser que a trajetória seja íngreme, precisará queimar muito combustível. O mundo não está à sua disposição, é preciso se esforçar. Faça muito esforço, muito mesmo.

Tenho muito equilíbrio hoje, consequência da falta dele nos meus 20 e 30 anos. Dos 22 aos 34, fora a faculdade de administração, lembro-me de pouca coisa além de trabalhar. O mundo não pertence aos grandes, mas aos rápidos. É preciso avançar mais e em menos tempo que seus concorrentes. Em parte, isso se baseia no talento, mas principalmente em estratégia e resistência. Minha falta de equilíbrio como um jovem profissional me custou meu casamento, meus cabelos e, definitivamente, meus 20 anos. Não existe manual de instruções, é uma troca. Minha falta de equilíbrio, apesar de posteriormente me garantir mais equilíbrio na vida, teve um custo muito alto.

Suor

A proporção de tempo que você passa suando e o quanto despende para ver os outros suarem é um indicador prospectivo do seu sucesso. Mostre-me uma pessoa que assiste à ESPN todas as noites, passa o domingo todo assistindo futebol e não se exercita, e lhe mostrarei um futuro de raiva e relacionamentos falidos. Mostre-me alguém que sua todos os dias e passa tanto tempo praticando esportes quanto passa assistindo-os na TV, e lhe mostrarei alguém que sabe lidar com a vida.

A Decisão Mais Importante que Tomará

A maioria dos alunos de administração destina seus maiores esforços para moldar suas vidas profissionais e socializar com os amigos. No entanto, a decisão mais importante que tomará não é onde trabalhar ou com quem vai para a balada, mas quem você escolhe para lhe acompanhar pelo resto da vida. Ter um cônjuge, ou companheiro, com quem você não somente se importe e queira transar, mas que também seja um bom parceiro, ameniza as imperfeições e aumenta o brilho da vida. Tenho muitos amigos com carreiras admiráveis, amizades maravilhosas e uma esposa que amam. Mas eles não são felizes, pois suas esposas não são suas parceiras. Suas metas e estratégias de vida não estão em sincronia. O desalinhamento sobre o que é importante e a falta de apreciação pelo outro torna tudo... mais difícil. Meus amigos com menos sucesso econômico, que passam menos tempo com suas amizades, mas que têm uma companheira real com quem dividir suas lutas e sucessos, são visivelmente mais felizes.

$$\heartsuit + V + \$ = P^2$$

Paixão, Valores, Dinheiro

As melhores parcerias românticas que conheço são baseadas em três coisas. Os envolvidos sentem atração física um pelo outro. Sexo e afeição definem seu relacionamento como único e dizem "eu escolho você" de forma não verbal. Um sexo bom é 10% de um relacionamento, mas um sexo ruim é 90% de um relacionamento. Porém, é aí que a maioria dos jovens conclui sua devida diligência. Também é preciso garantir o alinhamento de valores como religião, quantos filhos querem ter, seus métodos para criá-los, sua proximidade com seus pais, sacrifícios que estão dispostos a fazer pelo sucesso econômico e quem cuida de quais responsabilidades. O dinheiro é um valor especialmente importante para o alinhamento, já que a principal causa de desgaste conjugal é o estresse financeiro. A contribuição, a abordagem e as expectativas do seu cônjuge acerca de dinheiro — e como é o fluxo das finanças em sua casa — combinam com as suas?

Qualificação + CEP = Dinheiro

Temos um sistema de castas nos EUA: educação superior. Além disso, o crescimento econômico se concentra cada vez mais em algumas supercidades, onde dois terços do crescimento econômico dos próximos 50 anos acontecerão. A oportunidade ocorre em função da densidade. Vá a um lugar repleto de sucesso. As grandes cidades são como Wimbledon — mesmo que você não seja o Rafael Nadal, seu jogo evoluirá por estar na quadra com ele. Você melhorará ou descobrirá que não deveria estar em Wimbledon.

Esta é a combinação perfeita da velocidade econômica: diga-me sua formação (nível e instituição) e CEP, e poderei estimar, com bastante precisão, quanto dinheiro você ganhará ao longo da próxima década. O conselho aqui é simples: enquanto for jovem, qualifique-se e vá morar em uma cidade grande. Ambos ficam mais difíceis, se não impossíveis, conforme você envelhece. Sempre haverá ótimas histórias sobre Steve Jobs, Bill Gates, e outros que largaram a faculdade. Novamente, suponha que você não é um deles.

$$\text{🚩} + \text{🗺} = \$$$

O que Faz Você Feliz

Existe uma correlação entre quanto dinheiro ganha e quão feliz você é. O dinheiro pode comprar felicidade, até certo ponto. Mas, uma vez que se atinge um certo nível de segurança financeira, a correlação nivela. Mais dinheiro também não o tornará menos feliz (outro mito). Cometi o erro de passar todo meu tempo, por boa parte da vida, tentando descobrir como ganhar mais dinheiro, em vez de parar um pouco e me perguntar o que me faz feliz. Então, sim, trabalhe como um camelo e consiga certa estabilidade econômica. Mas observe as coisas que lhe trazem alegria e satisfação, e comece a investir nelas. Preste mais atenção às coisas que o deixam feliz e não envolvem substâncias entorpecentes ou muito dinheiro. Quer seja cozinhar, praticar capoeira, tocar violão

Qualificação + CEP = Dinheiro

ou andar de bicicleta, os interesses e hobbies acrescentam consistência à sua personalidade. Estar "focado" é felicidade. Você perde a noção de tempo, esquece de si mesmo e se sente parte de algo maior.

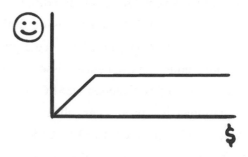

Descobri a escrita apenas há alguns anos, e hoje é uma das partes mais recompensadoras da minha vida. Escrever é minha terapia. É um meio de libertar toda essa loucura que perturba minha mente. É uma chance de imortalizar o quanto amo meus filhos, sinto falta da minha mãe e gosto de Chipotle. A escrita me reconectou com aqueles de quem gosto e me apresentou a pessoas novas e interessantes. Espero que, quando eu partir, meus filhos leiam meus escritos e sintam que me conhecem melhor. Gostaria de ter começado a escrever há 30 anos.

Invista Cedo e com Frequência

Existe um ditado antigo que diz que os juros compostos são a força mais poderosa do universo. A ideia de guardar dinheiro é mais importante para o grupo que menos entende — os jovens —, já que "longo prazo" não é um conceito que eles absorveram. Muitos jovens talentosos acreditam ser tão incríveis que ganharão quantidades obscenas de dinheiro. Ok, talvez... mas caso não chova grana, comece a guardar dinheiro cedo e com frequência. Não encare isso como economia — encare como mágica. Coloque US$1.000 em uma caixa mágica e, quando estiver pronto para abrir em 40 anos, surpresa: esse valor se converteu em US$10 a US$25 mil. Se você tivesse essa caixa mágica, quanto colocaria nela?

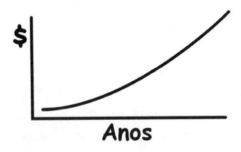

Qualificação + CEP = Dinheiro

Muitos de nós entendemos como os juros compostos funcionam com o dinheiro, mas não reconhecemos seu poder em outras partes de nossas vidas. O aplicativo 1 Second Everyday nos lembra de fazer um vídeo de 1 segundo todos os dias, um pequeno incômodo/investimento diário. No final do ano, sento-me com meus filhos e assisto aos seis minutos que formaram nosso ano. Assistimos repetidamente, adivinhando onde eu estava, rindo quando eles se veem na tela e relembrando como foi divertido ir ao Mundo Mágico de Harry Potter.

Nada supera o vínculo entre mãe e filho. Não é apenas instintivo, mas se trata também dos pequenos investimentos que ela fez em você, todos os dias, desde o início. Isso pode ser aplicado a todos os relacionamentos. Tire um monte de fotos, envie mensagens bobas a seus amigos, fale com velhos amigos sempre que puder, expresse admiração a seus colegas de trabalho, e, todos os dias, diga ao máximo de pessoas possível que você as ama. Alguns minutos diários — a recompensa é pequena no início, mas depois é imensa.

A Álgebra da Felicidade

$$\text{💪} = R + C^{\star} + D$$

Encontre Seu Gorila

Sentir-se másculo é recompensador. (Entendo como soa estranho, e que não consigo expressar as recompensas da feminilidade.) Meu Tarzan interior balança em cipós, e fico feliz. Mas os cipós mudaram. Quando era jovem, me sentia másculo ao impressionar meus amigos, transar com mulheres desconhecidas e ter um corpo definido. Conforme envelheci, surgiram outros cipós. Ser um chefe de família amoroso e responsável que sustenta a casa me faz sentir "forte como um touro", da mesma forma que ser relevante na sala de aula ou no trabalho.

Macacos machos são superiores e têm mais chances de acasalar se tiverem mais laços sociais, e não por serem maiores ou mais fortes. Cada vez mais, ser um bom cidadão — ser um bom vizinho, respeitar as autoridades, lembrar de onde eu vim, ajudar pessoas que jamais conhecerei, interessar-me por uma criança que não é minha e votar são coisas sobre as quais nunca pensei quando era mais jovem — me dá vontade de bater no peito. Combater seus defeitos e fazer um esforço para reparar suas deficiências. Em resumo: ser um homem, e não um menino no corpo de um homem. Masculinidade agora significa relevância, cidadania e ser um pai amoroso.

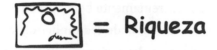 = Riqueza

Patrimônio = Riqueza

É difícil obter segurança financeira apenas com seu salário, já que você vai naturalmente elevar ou reduzir seu estilo de vida de acordo com o que ganha. Assim que possível, compre imóveis ou ações, e tente encontrar um emprego que tenha um plano de previdência privada ou, melhor ainda, opções de compra de ações da empresa. Esteja sempre no mercado de ações, já que você não é inteligente o bastante para prever quando entrar ou sair sozinho. Tente não ter mais de um terço de seus ativos em uma única classe de ativos quando tiver menos de 40 anos, e diminua isso para 15% quando passar dessa idade.

A definição de "rico" é ter uma renda passiva maior do que seus gastos. Meu pai e sua esposa recebem cerca de US$50 mil por ano em dividendos, aposentadoria e previdência, e gastam US$40 mil por ano. Eles são ricos. Tenho diversos amigos que ganham entre US$1 milhão e US$3 milhões, com muitos filhos em escolas particulares em Manhattan, uma ex-esposa, uma casa nos Hamptons e um estilo de vida digno de alguém extremamente bem-sucedido. Eles gastam a maior parte, se não tudo, de seu dinheiro. São pobres. Ao chegar aos 30 anos, se deve ter uma ideia de qual será seu custo. Os jovens se concentram 100% em seus ganhos. Os adultos também se concentram em seu custo.

$$\mathtt{Y} = \mathtt{☹}$$

Beba Menos

O Harvard Medical School Grant Study foi o maior estudo sobre felicidade, o qual acompanhou 300 homens de 19 anos ao longo de 75 anos e observou quais fatores os tornavam mais ou menos felizes. A presença de uma coisa na vida de um homem prognosticava mais infelicidade do que qualquer outro fator: álcool. Isso levou a casamentos falidos, carreiras saindo dos trilhos e falta de saúde.

Logo após sair da faculdade, morando em Nova York e trabalhando no Morgan Stanley, eu saía todas as noites e ficava superbêbado em um lugar legal com o que pareciam ser outras pessoas bem-sucedidas. Parecia natural. Sou uma versão melhor de mim mesmo quando bebo. Bêbado, sou engraçado e otimista. Sóbrio, sou intenso e um pouco chato. Além disso, achava quase impossível conhecer mulheres a menos que estivesse muito louco (veja acima — balançando em cipós). Durante a semana, no meio do trabalho, me via procurando salas de reunião vazias para poder curar minha ressaca dormindo meia hora embaixo da mesa. As manhãs eram compostas por Coca Diet e comida gordurosa para que eu pudesse dar conta da tarde, quando, por cerca de uma hora, sentia-me humano de novo. Inevitavelmente, concordaria mais uma vez em encontrar alguns amigos da Salomon Investments e algumas modelos na Tunnel ou na Limelight, onde pediríamos US$1.200 em vodca, e o Scott divertido apareceria.

Não assistir às aulas e não aprender muito na UCLA me tornaram um banqueiro medíocre. No entanto, o álcool me tornou uma pessoa medíocre. Tenho sorte de não ter uma dependência física (acho) e, quando me mudei para a Costa Oeste, não senti falta da bebida. Pergunte-se, após a faculdade, se as substâncias atrapalham seus relacionamentos, sua trajetória profissional ou sua vida. Se sim, resolva isso.

Carro < Leão

Estudos mostram que as pessoas superestimam a quantidade de felicidade que as coisas lhes trarão e subestimam os efeitos positivos de longo prazo das experiências. Invista em experiências em vez de coisas. Dirija um Hyundai e leve sua esposa a St. Barts.

Qualificação + CEP = Dinheiro

Conceda a Alguém uma Boa Morte

Fora meus filhos, a coisa de que mais me orgulho foi ter concedido à minha mãe uma boa morte. Depois que foi diagnosticada com câncer terminal, passei sete meses morando com ela na Del Webb Active Adult Community em Summerlin, Nevada. Durante o dia eu geria seus cuidados médicos e assistia a Frasier e a Jeopardy! com ela. À noite me aventurava pela Strip e ficava bêbado com empreendedores que estavam abrindo tabacarias e restaurantes, e com strippers. Foi uma época estranha mas significativa na minha vida. As recompensas instintivas de cuidar de pessoas no início de suas vidas — a alegria dos filhos — são comprovadas. No entanto, oferecer conforto a alguém que você ama no final de sua vida também é profundamente gratificante. Se estiver em condições — e muitos não estão — de tornar mais bonita a despedida de alguém que ama, faça isso — você apreciará a experiência pelo resto da vida.

Felicidade = Família

Em uma métrica de desempenho, as pessoas mais felizes são aquelas em relacionamentos monogâmicos que têm filhos. Eu não queria me casar ou ser pai, e ainda não creio que você precise ter filhos para ser feliz. Posso dizer, no entanto, que ser um bom pai e criar filhos com alguém que amo, e é responsável, foi o início da resposta à pergunta que todos fazemos: por que estou aqui?

$$R/F = S$$

Resiliência/Fracasso = Sucesso

Todos vivenciam fracassos e tragédias. Você será demitido, perderá pessoas que ama e provavelmente sofrerá períodos de estresse financeiro. O segredo para o sucesso é a capacidade de lamentar e, então, seguir em frente. Tive um casamento fracassado, algumas empresas que faliram e perdi a única pessoa que (até então) eu sabia que me amava, minha mãe... tudo antes dos 40. Mas, graças à minha ótima educação, bons amigos e o melhor CEP do mundo (EUA), esses foram alguns obstáculos para mim, e não barreiras.

Nada É Tão Ruim ou Tão Bom Quanto Parece

Como diz meu amigo Todd Benson, a dinâmica do mercado supera o desempenho individual. Seus sucessos e fracassos não são totalmente culpa sua. O primeiro conselho que os idosos dariam a suas versões mais jovens é que eles gostariam de ter sido menos duros consigo mesmos. Nossos instintos competitivos nos levam a nos apegar às pessoas mais bem-sucedidas que conhecemos, e ficamos desapontados quando a pessoa no espelho não atinge esses resultados. Um dos segredos para um relacionamento saudável é o perdão, já que você e seu cônjuge pisarão na bola em algum momento. Seu tempo limitado aqui determina que você se responsabilize. Mas também esteja pronto para se perdoar e, assim, seguir em frente naquilo que é importante na vida.

$$\text{Percebido} \downarrow \; < \; \text{Verdadeiro} \downarrow$$
$$\text{Percebido} \uparrow \; < \; \text{Verdadeiro} \uparrow$$

Sucesso

A seguir, há histórias (reais) curtas sobre minha formação e como desenvolvi um conjunto de ferramentas para o sucesso e a segurança financeira.

Tenha Sede

Penso muito sobre sucesso e seus fundamentos. Talento é a chave, mas só vai lhe garantir a entrada em uma sala VIP lotada. Tipo o Platinum Medallion da Delta: você se acha especial, mas no aeroporto de LaGuardia percebe que existem muitas pessoas como você. Suponhamos que seja excepcionalmente talentoso, talvez esteja dentre o 1% superior. Parabéns: você está junto de 75 milhões de pessoas, a população da Alemanha, todas disputando mais do que sua cota dos recursos mundiais. Quando peço a jovens adultos que descrevam a vida que almejam, a maioria menciona um ambiente e complementos que são o ecossistema de um grupo que compreende milhões. Em outras palavras, é provável que a maioria dos jovens leitores deste livro deseje fazer parte do 1% superior, mas o talento por si só não os levará nem perto disso.

O motivador que leva o talento ao extremo do sucesso é a fome. A fome pode surgir de muitos lugares. Não creio que tenha nascido com ela. Tenho muita insegurança e medo, os quais, com os instintos que todos temos, resultaram em fome. Entender de onde ela vem pode elucidar a diferença entre sucesso e realização.

Durante os primeiros 18 anos da minha vida, não me esforcei. Na UCLA, todos começamos como pessoas boas, inteligentes e atraentes ("18" e "atraente" são redundantes), que se interessavam uns pelos outros com base em um senso confuso de atração ("ela é gostosa"/"ele é legal"). Mas, no último ano, as mulheres procuravam os caras que haviam tomado jeito, mostravam sinais precoces de êxito ou tinham pais ricos e que já dispunham dos símbolos de sucesso, como finais de semana à custa de seus pais em Aspen ou Palm Springs. Os instintos das mulheres afloravam, e elas buscavam parceiros que pudessem lhes garantir melhor a sobrevivência de seus filhos — em vez de se apaixonarem por um cara engraçado que usava uma gravata slim de couro com mocassins e sabia recitar trechos da trilogia O Planeta dos Macacos. Meus instintos também afloravam, e eu queria aumentar meu conjunto de seleção de parceiras. Decidi que o requisito para isso era sinalizar sucesso, então, consegui um emprego no Morgan Stanley. Eu não tinha ideia do que os banqueiros de investimentos faziam, mas sabia que ser um demonstrava sucesso.

Não demorou muito para perceber que o segredo é encontrar algo em que se é bom. As recompensas e o reconhecimento provenientes de ser ótimo em algo o deixarão apaixonado pelo que quer que seja. Investimentos, para mim, eram uma combinação única de um assunto chato com um monte de estresse. Perceber cedo que minha fome de impressionar me levava a um caminho de sofrimento me deu a confiança para escapar. Larguei o caminho do sucesso sem realizações.

O segundo acontecimento também envolveu o sexo feminino. Em meu segundo ano de faculdade, minha mãe foi diagnosticada com um câncer de mama agressivo. Liberada precocemente do hospital Kaiser Permanente, em Los Angeles, começou a quimioterapia. Ela me ligou na Berkeley e disse que estava se sentindo péssima. Eu voei para casa naquela tarde e entrei em nossa sala de estar toda escura. Minha mãe estava deitada no sofá, de robe, se contorcendo e vomitando em uma lixeira, desamparada. Ela olhou para mim e perguntou: "O que vamos fazer?" Até mesmo escrever isso me abala.

Nosso seguro não cobria o tratamento, e eu não conhecia nenhum médico. Senti um turbilhão de emoções, mas principalmente o desejo de ter mais dinheiro e influência. Eu sabia que a riqueza, entre outras coisas, trazia contatos e acesso a um nível diferente de cuidados médicos. Nós não tínhamos nenhum dos dois.

Náusea

Em 2008, minha namorada engravidou, e testemunhei o milagre altamente perturbador do nascimento, conforme meu filho saía de dentro dela. Nota: ainda creio que os homens deveriam ficar fora da sala. Não senti praticamente nenhuma das coisas que se deve sentir: amor, gratidão, fascinação. Senti principalmente náusea e pânico devido ao experimento científico no qual estávamos entrando para manter aquela coisinha viva. Entretanto, como costuma acontecer, o instinto bateu e o experimento se tornou menos terrível, até mesmo agradável. A necessidade de proteger e sustentar se tornou cada vez mais intensa.

Tenha Sede

Quando a crise econômica de 2008 chegou, me atingiu em cheio. Passei de quase rico para definitivamente não rico. A crise anterior, em 2000, havia registrado o mesmo efeito econômico, mas não me abateu, pois tinha 30 e poucos anos e sabia que podia cuidar de mim mesmo. Mas dessa vez era diferente. Não ser capaz de suprir as necessidades de uma criança em Manhattan da forma e no nível que eu havia imaginado para meu filho realmente bagunçaram meu senso do por quê eu estava aqui (na Terra, no caso) e meu valor como homem. Preparava-me para fracassar miseravelmente, e a chama da fome ficou mais intensa.

A pressão que colocamos em nós mesmos para sermos bons provedores é irracional. O instinto de proteger e alimentar os filhos é o centro do sucesso de nossa espécie. Porém, acreditar que seu filho precisa estudar em escolas particulares de Manhattan e ter um loft em Tribeca é seu ego, e não um instinto paternal. Você pode ser um bom pai, até mesmo ótimo, com muito menos do que eu achava que precisava ganhar. Mesmo assim, me sentia insuficiente.

Ultimamente sinto minha fome mudando de aspecto. É mais uma busca por relevância do que por dinheiro. Prefiro despender mais tempo com as pessoas e os projetos de que gosto do que ganhar dinheiro. Tento me fazer mais presente e abdico de certas oportunidades econômicas para poder me concentrar mais em meu estado de alma. Tento, também, incutir um senso de apetite nos meus filhos por meio de tarefas. Pago a eles semanalmente por seus afazeres, esperando que relacionem trabalho e recompensa e fiquem famintos. Além disso, duas vezes ao ano, logo após pagá-los, os assalto (ataco-os e roubo seu dinheiro) no caminho para seus quartos, porque isso também é uma lição de vida.

Assuma a Vida Adulta

Toda primavera, o SoHo fica cheio de fantasmas roxos — formandos de 22 anos usando toga e capelo da NYU. Próximo a cada um deles costuma haver um homem e uma mulher que se parecem com o jovem, só que mais velhos e sobrecarregados, e que estão radiantes de orgulho. A época da formatura é ótima, chega até a ser animadora. Esse momento é mais recompensador para suas versões mais sobrecarregadas (seus pais), já que sua formatura é uma prova do sucesso deles (colocar você na faculdade e fazê-lo chegar até o fim). Eles podem riscar o último item evolutivo da lista pelo qual são responsáveis... além de morrer (putz, isso soou muito mal).

Nenhuma das minhas formaturas foram tão alegres. Na UCLA, me formei no meio do quinto ano, sem a maioria dos meus amigos, já que eles concluíram nos quatro anos determinados. Passei a maior parte das minhas últimas duas semanas na UCLA pedindo para os professores aumentarem minhas notas a fim de que eu conseguisse me formar, pois faltavam só três matérias para obter o bacharelado em economia. Meus argumentos eram simples e verdadeiros:

- "Moro com minha mãe em uma casa de classe média 'alta' baixa."
- "Tenho uma ótima oportunidade de emprego no Morgan Stanley em Nova York."
- "Quanto antes eu sair daqui, mais rápido poderão admitir alguém que mereça mais."

Pedi a quatro professores (e havia mais opções). Três tiveram a mesma reação: me olharam com desgosto, depois se conformaram, assinaram o formulário e me pediram para sair de seus escritórios. Sem toga e com pouquíssima pompa e circunstância.

Assuma a Vida Adulta

Minha segunda formatura, na Berkeley, foi mais recompensadora, já que eu tinha entrado na linha, ou algo do tipo, e conquistado meu MBA. Fui escolhido como orador da turma e me lembro de olhar para cima, no meio do discurso, e ver minha mãe, devastada pelo câncer, em meio a um mar de milhares de pais sentados sob o sol brilhante no Teatro Grego da universidade. Ela estava em pé, pois não conseguia conter o orgulho, acenando para mim com as duas mãos.

Não acredito em vida após a morte, mas pretendo consumir um monte de cogumelos alucinógenos antes de partir, pois quero ter as visões de luzes fortes que as pessoas descrevem quando estão próximas à morte. Espero ter duas visões: uma dos meus filhos rolando por cima de mim na cama, rindo, e a imagem da minha mãe em pé acenando como se precisasse me lembrar de que ela está ali, e que é minha mãe.

Ainda assim, foi uma época de insegurança... como é para a maioria dos garotos. Um homem de 26 anos ainda é um garoto. Minha mãe estava doente e recusei uma oferta de uma empresa de consultoria para abrir minha própria empresa de consultoria. O contrapeso da minha vida era minha namorada, que me trouxe segurança emocional e financeira. Ela tinha um emprego de verdade.

Hoje em dia é clichê para os escritores usarem a formatura como uma oportunidade de falar sobre si mesmos, na terceira pessoa, forçando o modo como querem que você enxergue seu passado. Mas se eu *fosse* aconselhar qualquer recém-formado, diria algo assim...

Não Siga Sua Paixão

As pessoas que discursam em universidades, especialmente na época da formatura, e mandam você seguir sua paixão — ou minha favorita, "nunca desistir" — já são ricas. E a maioria chegou lá abrindo estações de tratamento de resíduos após falir outros cinco empreendimentos — ou seja, eles souberam quando desistir. Sua tarefa é encontrar algo em que seja bom e, depois de dez mil horas de prática, ser ótimo naquilo. As recompensas emocionais e econômicas que acompanham a maestria em algo o tornarão apaixonado pelo que quer que seja. Ninguém começa a carreira apaixonado por direito tributário. Mas excelentes tributaristas têm paixão pela admiração dos colegas, por garantir segurança econômica para suas famílias e por se casar com alguém mais impressionante do que eles.

O Chato É Atraente

Carreiras são classes de ativos. Se um setor estiver saturado de capital humano, os retornos sobre aqueles esforços serão suprimidos. Se quiser trabalhar na *Vogue*, produzir filmes ou abrir um restaurante, você precisa garantir o recebimento de uma boa quantidade de retorno psíquico, já que os retornos sobre seus esforços (diferente das exceções bastante divulgadas) serão, com base em riscos, péssimos. Tento evitar investir em qualquer coisa que pareça minimamente legal. Não comprei a revista *BlackBook*, não investi na Ford Models ou em um clube musical exclusivo no centro da cidade. Se, por outro lado, o negócio e seu foco são tão chatos que me dá vontade de meter uma bala na cabeça, então... bingo, eu invisto. Recentemente palestrei no Alternative Investment Summit do J.P. Morgan, onde o banco recebe 300 das famílias mais ricas do mundo. Algumas são proprietárias de veículos de mídia ou de companhias aéreas nacionais, mas a maioria faturou alto com fundição de aço/minérios, seguros ou pesticidas.

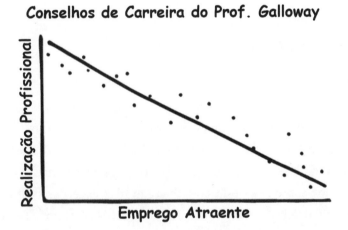

O Adulto na Sala

Seu papel em relação a seus pais se inverterá. Eles se tornarão as crianças e você, o pai. Isso costuma acontecer organicamente. No entanto, a formatura é uma boa época para acelerar a transição. Suas ações precisam começar a dizer a seus pais "deixa comigo", conforme você se torna fonte de soluções em vez de estresse. É impressionante a quantidade de pessoas que são os adultos da sala até chegarem perto dos pais e regredirem ao estágio de crianças manhosas esperando que eles resolvam seus problemas. As coisas mais recompensadoras da vida se originam do instinto. Nos atentamos muito ao quão recompensador é criar uma criança, mas não damos tanta importância ao quanto é gratificante ajudar a cuidar dos pais. Comece agora.

Faça Bem Feito o que É Fácil e a Confusão de uns E-mails

Lutei durante toda minha carreira com a dificuldade de fazer bem feito o que é fácil. Reunia a equipe para montar uma apresentação inspiradora e enérgica e, então, chegava à reunião 15 minutos atrasado, aborrecendo a todos. Após a reunião, o cliente me enviava um e-mail pedindo algum trabalho extra, ou me dando alguma outra oportunidade, e então eu não respondia em tempo e perdia a deixa. Eu não acompanho as pessoas quando deveria. Em geral, falta de profissionalismo e de educação reduziram a subida da minha trajetória. É estranho, pois sei quando ajo dessa forma e como solucionar... e ainda assim não o faço.

A lição aqui é simples: não seja um completo idiota como este que vos fala, e faça bem feito o que é fácil.

- **Chegue cedo.**
- **Tenha bons modos.**
- **Dê continuidade.**

Faça Bem Feito o que É Fácil e a Confusão de uns E-mails

Acredito que a maioria das pessoas sente uma repulsa em especial por atributos alheios que as lembrem de aspectos que detestam em si mesmas. A história a seguir, sobre um e-mail, foi meu primeiro contato com a fama na internet. Resumindo, um aluno chegou atrasado à aula e eu o expulsei, o que resultou em certo drama (nossa troca de e-mails foi enviada para a imprensa). Um artigo sobre essa troca teve 700 mil visualizações e 305 comentários. Em dado momento, segundo a reitoria da NYU Stern, a universidade recebia um e-mail (sobre aqueles e-mails) a cada dois minutos. A maioria apoiando, mas alguns não... nem um pouco ("Não deixarei meu filho se matricular na NYU no próximo semestre"). Essa troca é agora uma parte permanente da minha ementa. Tenho certeza de que essa é a "regra tardia" mais lida da história da universidade.

A Álgebra da Felicidade

O E-mail que Recebi:

De: xxxx@stern.nyu.edu

Para: xxxx@stern.nyu.edu

Enviado em: terça-feira, 9 de fevereiro de 2010, 19h15

Assunto: Feedback sobre Estratégia de Marca

Prof. Galloway,

Gostaria de discutir com o senhor um assunto que me incomodou. Ontem à noite entrei em sua aula de Estratégia de Marca das 18h com cerca de uma hora de atraso. Assim que entrei na sala, o senhor me dispensou rapidamente, dizendo que eu devia me retirar e retornar na próxima aula. Após conversar com diversas pessoas que fazem sua disciplina, elas explicaram que o senhor tem uma regra que define que alunos que chegarem com mais de 15 minutos de atraso não serão aceitos em sala.

Eu me interessei por três aulas diferentes de segunda-feira à noite que aconteceriam simultaneamente. A fim de decidir qual delas escolher, minha ideia era

Faça Bem Feito o que É Fácil e a Confusão de uns E-mails

comparecer nas três para ver qual eu mais gostaria. Como nunca tinha assistido à sua aula, não conhecia sua política de classe. Fiquei desapontado por ter sido dispensado, considerando que (1) eu não tinha como saber suas regras e (2) como era o primeiro dia de aulas noturnas e eu cheguei com uma hora de atraso (e não alguns minutos), era mais provável que fosse devido a meu desejo de experimentar diferentes aulas, e não pura arrogância.

Já me matriculei em outra aula, mas gostaria de ser sincero e dar minha opinião sobre o assunto.

Atenciosamente,
xxxx
—
xxxx
Candidato ao MBA 2010
NYU Stern School of Business
xxxx@stern.nyu.edu
xxx-xxx-xxxx

Minha Resposta:

De: xxxx@stern.nyu.edu
Para: xxxx@stern.nyu.edu
Enviado em: terça-feira, 9 de fevereiro de 2010, 21h34
Assunto: Re: Feedback sobre Estratégia de Marca

Xxxx,

Obrigado por sua opinião. Também gostaria de lhe dar um feedback.

Só para esclarecer... você entrou em uma aula, saiu depois de 15 a 20 minutos (levantou-se e saiu no meio da explicação), foi para outra aula (entrou 20 minutos atrasado), saiu daquela aula (imagino que novamente no meio da explicação), e então foi para a minha aula. Naquele momento (com uma hora de atraso), pedi que retornasse para a próxima aula, o que lhe "incomodou".

Correto?

Você alega que, por não ter feito minha aula, seria impossível conhecer nossa política de não permitir que as pessoas entrem com uma hora de atraso. A maior parte das análises de risco defendem que, perante incertezas substanciais, deve-se optar pelo caminho mais conservador ou resguardar-se (por ex., não chegar atrasado até saber se o professor tem uma política clara de aceitar comportamentos desrespeitosos, perguntar ao professor assistente antes da aula etc.). Espero que o felizardo a quem você elegeu como professor das suas aulas de segunda à noite lecione Julgamento e Tomada de Decisão ou Pensamento Crítico.

Além disso, sua lógica demonstra claramente que você acredita não ter responsabilidade por qualquer código de conduta antes de assistir a uma aula. Apenas para constar, também não temos uma política declarada que proíbe tocar músicas no meio da aula, urinar nas mesas ou usar aquele depilador revolucionário em público. No entanto,

A Álgebra da Felicidade

Xxxx, existe um mínimo de decoro (ou seja, modos) que esperamos de homens e mulheres adultos, os quais a coordenadoria de processos seletivos considerou os futuros líderes empresariais.

Xxxx, permita-me ser mais sério. Eu não o conheço, não o conhecerei e não tenho qualquer tipo de afinidade ou hostilidade em relação a você. Você é um aluno anônimo que está agora arrependido por ter clicado no botão enviar de seu e-mail. É nesse contexto que espero que pare um instante... Pare de VERDADE e pense bem no que estou prestes a lhe dizer:

Xxxx, entre na linha.

Conseguir um bom emprego, trabalhar por muitas horas, manter suas habilidades relevantes, entender a política de uma organização, encontrar equilíbrio entre vida e

Faça Bem Feito o que É Fácil e a Confusão de uns E-mails

trabalho... essas coisas são muito difíceis, Xxxx. Por outro lado, respeitar instituições, ter educação, demonstrar um nível de humildade... é tudo (relativamente) simples. Faça bem-feito o que é fácil, Xxxx. Por si só, essas qualidades não o tornarão mais bem-sucedido. Entretanto, não possuí-las atrasará sua vida, e você não atingirá seu potencial, um aspecto que, em vista de ter sido admitido na Stern, deve ter de sobra. Não é tarde demais, Xxxx...

Novamente, obrigado pelo feedback.
Professor Galloway

Acredite que Você Merece

Em 1982, a Emerson Junior High School, por meio da pesquisa do nono ano, nomeou-me como "Mais Cômico" e "Steve Martin". Desde então tenho participado com sucesso em todos os prêmios e reconhecimentos. Há um mês, Anne Maffei, uma amiga, enviou-me uma mensagem: "Por favor, responda a meu irmão, ele quer lhe dar um prêmio em reconhecimento a seu trabalho."

Oi?

O irmão de Anne é Greg Maffei, CEO da Liberty Media, uma enorme empresa de mídia fundada por John Malone (#Ocara), o verdadeiro magnata da TV a cabo. Antes disso, Greg era CFO da Microsoft... o que é ainda mais legal/incrível para mim. Imagino que ser CFO do império do mal da

Acredite que Você Merece

década de 1990 é o mais próximo que alguém pode chegar de ser o Darth Vader do mundo corporativo. Mas Greg é muito amável para ser o Lorde Sombrio, então o vejo como Darth Vader após derrotar o império, retirar a máscara e retornar do lado negro.

Então, após uma busca rápida na minha caixa de entrada, lá estavam eles: e-mails de Greg e seus colegas me parabenizando como o ganhador do Media for Liberty Award de 2018. Eu havia sido cordial o bastante para ignorá-los por dois meses. Há cinco anos, a Liberty havia criado um prêmio para um autor ou jornalista que escrevesse sobre um misto de política e economia. Tenho certeza de que Greg é bilionário, já que todas as autoridades eleitas no evento foram extremamente simpáticas com ele (como já mencionado: ele era CFO da Microsoft nos anos de 1990), e provavelmente pensaram que um professor estava distraído demais para responder. Então, contatei Greg ("Sim, isto é incrível... obrigado") e concordei em aceitar o prêmio em uma cerimônia em D.C. durante um jantar com drinques no Newseum — "O museu preferido de D.C." em 2016, segundo o *Washingtonian*.

Estava empolgado com o dia, mas ansioso/apreensivo, preocupado em estar voando muito alto. Angustiado de que, em suma:

Eu. Fosse. Uma. Fraude.

Uma quantidade maior de atenção/reconhecimento coloca um carinha no meu ombro que sussurra em meu ouvido: "Quem você está tentando enganar? Você é uma fraude." Sempre que o sucesso surgia em meu caminho, era porque eu estava "enganando-os". Eu não merecia meu reconhecimento como acadêmico nem os prêmios como empreendedor. Sempre ficava ansioso, pensando que descobririam o que realmente sou: o filho de uma secretária, com desempenho mediano na escola, que não investiu em relacionamentos, é egoísta e nem é tão talentoso assim. Alguém cujo único talento real é se autopromover e receber crédito pelo trabalho de outras pessoas. Uma fraude. A ansiedade some conforme percebo que a maioria das pessoas bem-sucedidas ultrapassa suas capacidades; 70% dos norte-americanos admitem sofrer da síndrome do impostor. A menos que você reserve um tempo para reprimir esses pensamentos, eles ficarão cada vez mais fortes, segundo os psicólogos. Então me dei uma folga, já que me esforcei, assumi riscos e me doei ao longo do caminho.

Acredite que Você Merece

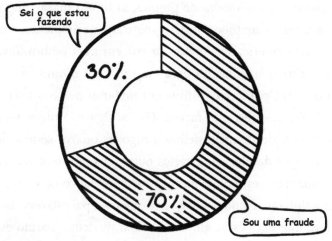

Norte-americanos com síndrome do impostor
Sei o que estou fazendo
30%
70%
Sou uma fraude
Fonte: NBC NEWS, 2017.

    Ainda assim, a insegurança sempre sussurra no meu ouvido — *você sabe quem realmente é*. Espero que isso seja insegurança, e não sensatez ou clareza.

A Álgebra da Felicidade

Scott Ansioso Vai a Washington

O jantar e a cerimônia de premiação foram maravilhosos. Ao avistar o Capitólio e refletir sobre aquele momento, amei ser norte-americano. Apesar da voz em meu ombro, invoquei minhas habilidades para me sair bem durante a conversa com Greg... que é ótimo em ajudar as pessoas a serem melhores naquilo que fazem. Havia alguns amigos meus na plateia, desde meu melhor amigo da quarta série a novos amigos da Flórida, e vários outros. Como muitos eventos importantes, houve momentos de melancolia. Gostaria que minha mãe pudesse me ver e que meu pai estivesse bem o bastante para estar ali. Uma boa amiga cujo marido está muito doente compareceu, e pude sentir um pouco do peso e da tristeza que ela carregava, e quão generoso de sua parte foi estar presente. Também senti o amor de meus amigos e de minha esposa, que viajou de trem e avião por seis horas para me fortalecer naquele momento. Realizações são apenas instantes escritos a lápis, a menos que você possa dividi-las com aqueles que ama. Então elas se tornam reais, uma memória escrita em caneta permanente. A voz da insegurança ainda está em meu ombro. No entanto, ela se esvai conforme me sinto norte-americano, relevante e amado.

Encontre Sua Voz

Quando eu tinha cerca de cinco anos, percebi que as pessoas se comportavam de forma diferente perto do meu pai. Elas olhavam em seus olhos, assentiam e sorriam. As mulheres tocavam seu braço, rindo, e os homens, quando o encontravam, gritavam: "Tommy!", verdadeiramente felizes em vê-lo. Ele era ótimo com as palavras, engraçado e inteligente (ou seja, britânico). Uma mistura de eloquência, irreverência e esperteza combinada com um sotaque escocês tornaram meu pai atraente para as mulheres e os empregadores.

Minha mãe me explicou uma vez: "Seu pai é charmoso." Em reuniões, inevitavelmente, forma-se um semicírculo em torno do meu pai, e ele conta piadas e compartilha sua opinião sobre coisas que vão desde o espaço ("se ele não tem fim, tudo já aconteceu") até a administração ("o segredo é uma boa descrição das funções"). Esse charme sustentou,

A Álgebra da Felicidade

por uma década, um estilo de vida de classe média alta para ele, minha mãe e eu enquanto ele perambulava pelo oeste dos EUA e Canadá, mantendo, em episódios de 15 minutos, pseudoamizades com os gerentes dos departamentos de exteriores e jardim da Sears e da Lowe's. Em troca de sua companhia, os 200 amigos de meu pai compravam grandes quantidades de sacos de esterco, já que ele vendia fertilizante da O.M. Scotts & Sons, uma empresa da International Telegraph and Telegram (ITT).

Aos 50 e tantos anos, depois que o mercado deixou claro que um recém-demitido gerente da ITT já não era bem-vindo na lista da *Fortune 500*, ele começou a dar palestras, abertas ao público, em uma faculdade comunitária local. Lâmpadas fluorescentes baratas faziam o espaço parecer uma sala de cirurgia da Alemanha Oriental. Havia seis fileiras com oito cadeiras dobráveis, um retroprojetor suspenso, transparências manchadas e, no fundo, uma mesa com garrafas abertas de Dr Pepper, Sprite e Tab, e bolo de limão que minha madrasta fazia. Apareciam cerca de 15 pessoas, a maioria de 50 a 60 anos. Meu pai falava por 90 minutos, parando na metade do tempo para que todos pudessem sair para fumar. Participei algumas vezes quando era adolescente. Naquela idade, achava que tudo o que envolvia meus pais era sem graça, mas aquilo parecia especialmente triste... até mesmo deprimente. Em troca de transmitir sua sabedoria com outros fumantes, em sua maioria desempregados, meu pai tinha que gastar de US$10 a US$20 com combustível e petiscos.

Meu pai considera esses seminários a época mais feliz de sua vida, pois estava onde devia estar, na frente de um grupo de pessoas, falando e ensinando.

O Charme Pula uma Geração

Não herdei o charme do meu pai. Na verdade, desenvolvi um dom especial em ser ofensivo — o oposto de charmoso. Não do tipo que "fala a verdade ao poder", mas que "fala a coisa exatamente errada no momento exatamente errado". Costumo dizer coisas e escrever e-mails que fazem pessoas boas se sentirem mal, e sei disso. Nada justifica. Como sou bem-sucedido, as pessoas costumam redefinir essa ofensividade como honestidade ou, até mesmo, liderança. Não, estou apenas sendo um idiota. Mas estou tentando melhorar.

Porém, meu pai me transmitiu a capacidade de encarar uma sala cheia de pessoas, contanto que seja uma sala de reuniões sem janelas ou um salão de conferências no 55º andar de um prédio no centro ou no porão de um hotel. A maioria das pessoas fica cada vez mais desconfortável conforme o grupo cresce. Eu sinto o oposto. Individualmente, sou introvertido, até mesmo inseguro. Mas, conforme a sala se enche... outras habilidades surgem. Na frente de dezenas, ocorrem-me novos insights. Em frente a centenas, humor e entusiasmo. E, com milhares, um pico de adrenalina e a confiança de ir além e ser inspirador. Posso estar errado, mas meu coração está no lugar certo. Consigo olhar nos olhos de cada uma das pessoas e afirmar que acredito ser verdade o que estou dizendo.

Stand-up

Para desenvolver sua arte, comediantes fazem stand-up. Para mim, o stand-up é a minha aula, onde desenvolvo a arte de falar todas as terças-feiras à noite por 3 horas na frente de 170 alunos do segundo ano de MBA. Fico muito mais focado e invisto mais esforço em lecionar do que na frente de qualquer conselho ou reunião do círculo de ouro dos corretores de imóveis comerciais. Ganho muito menos, cerca de US$1.000 por hora-aula. (Nota: parece ser mais do que é, pois passo muitas horas fora de classe preparando conteúdo ou atendendo alunos para cada hora-aula.) Além disso, a quantidade de sapos que você tem que engolir para assumir essa posição — pós-graduação, política dos departamentos — é enorme.

Dois Motivos

Meu pai só entra em um avião por dois motivos, que não incluem ver seus netos ou passar tempo com os amigos. Ele só o faz para ver o Toronto Maple Leafs jogar ou para assistir a seu filho lecionando. Ele se senta na última fileira da sala. No início da aula, pedimos a quaisquer visitantes que se apresentem — em quase todas temos meia dúzia de graduandos ou candidatos. Meu pai espera até que terminem e, então, forçando ainda mais seu sotaque, diz:

"Sou Tom Galloway, pai do Scott."

Ocorre uma pausa e, então, uma salva de palmas. Vejo meu pai vidrado em cada uma das minhas palavras e movimentos pelas próximas três horas. Pergunto-me se, aos 88 anos, ele olha para mim e fica decepcionado por não ter tido a oportunidade de atingir todo seu potencial como palestrante, ou se sente a recompensa do progresso evolutivo, vendo a si mesmo, mas na versão 2.0. A presença de meu pai na aula me lembra de que a diferença entre subornar as pessoas a ouvirem você com bolo de limão e receber US$2.000 por minuto em reuniões corporativas não é talento — isso meu pai tem de sobra. A diferença é ter nascido nos Estados Unidos e a generosidade dos contribuintes da Califórnia, que deram ao filho de uma secretária a oportunidade de frequentar uma universidade de primeira linha. A união do talento do meu pai com a confiança que obtive do amor abundante de sua segunda esposa me concederam as habilidades e a oportunidade de ficar na frente de uma sala repleta de pessoas, olhar cada uma nos olhos e dizer: "Acredito que isto seja verdade."

Saiba Seu Valor

O vento da obsessão de nossa sociedade pelas altas tecnologias está a meu favor, fluindo por minhas cordas vocais. Meu domínio de especialização, a alta tecnologia, está com tudo, e a economia está forte. Minhas habilidades cantam como Pavarotti em conjunto com os dados proprietários que dezenas de jovens de 20 e poucos anos bem formados na L2 coletam e transformam em insights, bem como uma equipe de criação de primeira que desenvolve imagens e gráficos, exibidos na tela atrás de mim.

Como tudo na vida, meu valor de mercado desaparecerá. As pessoas cansarão dos meus assuntos, e não terei acesso aos recursos que tornam meu negócio excelente, em vez de apenas bom. Ou, mais provavelmente, minha criatividade se esgotará. Trabalhar com pessoas jovens e criativas e ter acesso aos melhores e mais brilhantes pensadores do mundo dos negócios é para mim o que a heroína era para Ray Charles. Quando acabar, chega de sucessos.

Em geral, meu relacionamento com a NYU é lecionar para um monte de alunos e palestrar em eventos. Em troca, eles me aturam. A cada três ou quatro anos um novo chefe de departamento ou gestor me pede para dar mais aulas, muda minha posição ou faz algo para me irritar. Ameaço ir para a Wharton ou para a Cornell Tech, e acabo conseguindo o que eu queria. Se pareço ser uma diva ou um pé no saco, confie no seu julgamento. Não ajo como um funcionário na Stern, mas como um autônomo, e isso os frustra. Minha estrela está com seu brilho máximo atualmente — sou bom professor e fortaleço a marca da Stern, então eles me toleram. Mas, quando meu valor começar a diminuir (e é só uma questão de tempo), eles me descartarão como se faz com uma matéria eletiva chata. Eu descartaria.

Você (Provavelmente) Não É o Mark Zuckerberg

As características dos empreendedores de sucesso não mudaram muito na era digital: você precisa de mais construtores do que de marqueteiros, e é primordial ter alguém de tecnologia como parte do time de fundadores, ou próximo a ele. Mas há quatro testes ou perguntas:

1. Você pode assinar a frente, e não o verso, de um cheque?
2. Você está preparado para um fracasso público?
3. Você gosta de vender?
4. Qual sua agressividade em relação a riscos?

Você Pode Assinar a Frente, e Não o Verso de um Cheque?

Conheço pessoas que têm todas as habilidades para criar grandes negócios. Mas elas nunca o farão, pois jamais trabalhariam apenas para assinar um cheque para a empresa no fim do mês, em troca de 80 horas de trabalho por semana.

A menos que você tenha construído empresas e as guiado por saídas bem-sucedidas, ou tenha acesso a capital semente (a maioria não tem, e sempre é caro), então precisará pagar à empresa pelo direito de trabalhar feito um camelo até que possa levantar dinheiro. E a maioria das startups jamais levanta o capital necessário. A maioria das pessoas não consegue se acostumar com a ideia de trabalhar sem receber dinheiro — e mais de 99% jamais arriscariam seu próprio capital pelo prazer de... trabalhar.

Você Está Preparado para um Fracasso Público?

A maioria dos fracassos são particulares: você decide que a faculdade de direito não é para você (não passou no vestibular), que quer passar mais tempo com seus filhos (foi demitido), ou trabalhar em "projetos" (não consegue um emprego). Entretanto, não tem como esconder o fracasso da sua própria

A Álgebra da Felicidade

empresa. Ela é você e, se for tão incrível, deve ter sucesso... certo? Errado e, quando não tem, é como se estivesse no primário, onde o mercado é o garoto do ginásio rindo de você porque fez xixi nas calças... multiplicado por cem.

Você Gosta de Vender?

A palavra "empreendedor" é sinônimo de "vendedor". Vender para as pessoas entrarem na sua empresa, vender para elas ficarem na sua empresa, vender para os investidores e (ah, sim) vender para os clientes. Não importa se administra a lojinha da esquina ou o Pinterest — é bom que seja ótimo em vender se pretende começar uma empresa. Vender é ligar para pessoas que não querem falar com você, fingindo gostar delas, ser maltratado e ligar de novo. Provavelmente não iniciarei outra empresa porque meu ego está ficando grande demais para vender. Acredito, erroneamente, que nosso gênio coletivo na L2 deveria significar que o produto se vende sozinho, e às vezes o faz. Deve haver um produto que não faça você ter que comer o pão que o diabo amassou repetidas vezes. Na verdade, não, não existe.

O Google tem um algoritmo que pode responder qualquer coisa, identificar pessoas que tenham declarado explicitamente o interesse de comprar seu produto e, então, anunciá-lo para essas pessoas naquele exato momento. Porém,

Você (Provavelmente) Não É o Mark Zuckerberg

o Google ainda precisa contratar milhares de pessoas com QIs medianos e QEs excepcionais para vender as coisas do... Google. O empreendedorismo é um trabalho de vendas com comissões negativas até que você levante capital, seja lucrativo ou entre em falência — o que vier primeiro.

A boa notícia: se gosta de vender e é bom nisso, sempre ganhará mais dinheiro, proporcionalmente a seu esforço no trabalho, do que qualquer um dos seus colegas, e... eles o odiarão por isso.

Qual Sua Agressividade em Relação a Riscos?

Ser bem-sucedido em uma grande empresa não é fácil e exige um conjunto de habilidades diferenciado. Você tem que ser legal com os outros, sofrer injustiças, engolir sapos toda hora e fazer política — ser notado por acionistas-chave ao fazer um bom trabalho e conseguir patrocínio em nível executivo.

Entretanto, se você for bom em trabalhar em uma grande empresa, então, com base em riscos, é melhor continuar assim — e não enfrentar os obstáculos de uma pequena empresa. Para mim, o empreendedorismo foi um mecanismo de sobrevivência, já que eu não tinha as habilidades para ser bem-sucedido nas maiores plataformas de sucesso econômico da história, as grandes empresas dos EUA.

A Álgebra da Felicidade

Com as inúmeras e bastante difundidas histórias de bilionários que largaram a faculdade, nós romantizamos o empreendedorismo. Faça a si mesmo, e a algumas pessoas em quem confia, as perguntas anteriores sobre sua personalidade e habilidades. Se responder positivamente às duas primeiras, e não for capaz de trabalhar em uma grande empresa, então entre na jaula dos macacos loucos.

Quando se Proteger

Em 1999, eu e um bando de outros fundadores e CEOs de São Francisco fomos a um aeródromo conhecer alguns jatos particulares. Fazia sentido que, aos 34 anos, eu tivesse um apartamento de um quarto, mas me transportasse pela atmosfera em velocidade Mach 8 [mais de 9 mil quilômetros por hora], já que eu era tão genial que poderia gastar, teoricamente, o equivalente ao salário de mil anos da minha mãe em um Gulfstream.

Um monte de bobões de 30 e poucos anos olhando aviões, e sentindo-se à vontade, é um belo sinal de mau agouro, e de que esses emergentes mestres do universo estão prestes a tomar um belo tapa na cara — o que aconteceu. Não comprei o jato. Mas atingi nível Mosaic na JetBlue.

Jamie Dimon, CEO da JPMorgan Chase, define uma crise financeira como "algo que acontece a cada período de 5 a 7 anos". Já se passaram 11 anos desde a última recessão. Conforme você fica velho o bastante para observar os ciclos como verdadeiros, começa a reconhecer que a época econômica em que vive é um ponto em uma linha curva e, quando menos esperar, a direção da linha mudará. Para melhor ou para pior.

Uma bolha especulativa é uma onda de otimismo que eleva os preços além dos níveis justificados pelos indicadores, resultando em uma queda. Em 1999, prometi a mim mesmo que seria mais esperto da próxima vez. E "próxima vez" significava à beira de um estouro ou da recessão.

Então, como saber quando se entra na zona de risco e é preciso ajustar seu comportamento? Existem diversas métricas rígidas que indicam que podemos estar nos aproximando de uma bolha total, abrangendo aspectos sobre os quais meus colegas da NYU passam muito tempo pensando e entendem muito melhor. Mas não é preciso ter um Nobel para ver as semelhanças entre 1999 e 2019. Algumas das métricas mais flexíveis são sinais de alerta muito melhores nesse cenário específico.

Sinais de que um Mercado ou Empresa Está Prestes a Encontrar-se do Lado Errado da Ciclicidade

- **As métricas em torno de avaliações, índice preço/lucro e bolhas de fácil inflacionamento de crédito são indicadores lógicos de perigo.** Seth Klarman, o gestor

Quando se Proteger

de fundos especulativos mais bem-sucedido de quem ninguém jamais ouviu falar, alertou recentemente que a afobação dos incentivos combinada ao protecionismo exagerado não acaba bem.

- **Quando países e empresas começam a erguer grandes prédios, tenha cuidado.** O Pan Am Building, a Sears Tower e inúmeros falos enormes enfiados na Mãe Natureza em mercados emergentes não passam de imagens pornográficas multibilionárias. Podem parecer uma boa ideia no momento, mas são só vulgares.

- **O perigo mais obviamente iminente dentro das empresas costuma ser manifestações de ego do CEO.** Os sinais de venda mais fortes são quando o CEO se torna hollywoodiano, ou acredita que o mundo não pode viver sem seus anúncios e capas de revistas de moda. David Karp nos anúncios da J. Crew e Dennis Crowley nos anúncios da Gap deveriam ter nos alertado que suas empresas logo seriam sombras de seus passados e valores. O perfil de três mil palavras de Marissa Mayer na edição de setembro da *Vogue*, na época em que ela gastou US$3 milhões do dinheiro dos acionistas para patrocinar o baile Met Ball da revista, foi um indicativo de uma tendência a tomar más decisões. Esse modo de pensar o leva a gastar outro bilhão de dólares do dinheiro dos acionistas para comprar a plataforma de blog (Tumblr) do cara que está nos anúncios da J. Crew, apenas para descobrir que gastou US$1,1 bilhão em um site pornô que tem pouca receita.

A Álgebra da Felicidade

- **O estilo do CEO sempre é revelador.** Quando ele(a) começa a aparecer no palco vestindo blusa de gola rolê ("Sou o próximo Steve Jobs"), geralmente não significa que Jobs reencarnou, mas que as ações da empresa estão prestes a cair (Jack Dorsey) e/ou que o FDA vai bani-lo de seus próprios laboratórios (Elizabeth Holmes).

- **Mediocridade + dois anos de experiência em tecnologia = seis dígitos.** Garotos medíocres que sabem programar e saíram da escola há dois anos estão ganhando mais de US$100 mil no mercado. O pior é que eles acreditam que merecem isso. Se sabe programar, parabéns, mas você não tem nenhuma competência profissional ou capacidade de gerenciamento. Não reconhecer que ganha um salário excessivo significa que você não terá capital suficiente para evitar o porão dos seus pais quando a coisa ficar séria.

- **Guerras de lances por imóveis comerciais.** Empresas que os investidores acreditam ser o próximo Google, munidas de capital barato, percorrem as ruas de Nova York e São Francisco, elevando os preços dos imóveis comerciais. Elas também competem com As Quatro (Amazon, Apple, Facebook e Google), que estão comprando grandes quarteirões em Nova York.

Quando se Proteger

- **A grave idolatria da juventude.** Fui convidado para a reunião anual do Fórum Econômico Mundial em Davos quando tinha 32 anos, antes da crise, pois os empreendedores da internet eram os novos mestres do universo. Reuni-me com diversos CEOs que buscavam meus insights sobre negócios, já que obviamente eu tinha percepções diferenciadas. Não, não tinha. Eu era um cara de 32 anos razoavelmente talentoso, que em qualquer outra época estaria simplesmente levando uma vida digna. Em vez disso, eu era como o Yoda, dizendo para executivos mais talentosos o que suas empresas deveriam fazer. Quando a bomba das pontocom explodiu, eu tinha 34 anos e voltei a Davos, onde não era mais popular e ninguém quis conversar comigo.

Em tempos difíceis, as pessoas procuram líderes de cabelos brancos. Em épocas boas/otimistas, as pessoas buscam juventude. Evan Spiegel e Jack Dorsey são jovens incrivelmente talentosos que construíram empresas que provavelmente valerão centenas de milhões, até mesmo um bilhão de dólares, mas não dezenas de bilhões. Snap, WeWork, Uber, Twitter — juntas valem mais que a Boeing — são geridas por jovens talentosos que em suas próximas vidas serão vice-presidentes (otimistas) e muito gratos. Como ex-CEO de 20 e poucos anos em empresas da nova economia, posso dizer que o maior trunfo de um CEO bebê é ser idiota demais para saber que fracassará. CEOs jovens buscam caminhos loucos que às vezes acabam sendo geniais. Mas a maioria é muito inexperiente para gerir empresas das quais centenas ou milhares de famílias dependem para sua subsistência.

Se o boom da tecnologia continuar em sua trajetória, é bem provável que na próxima década um adolescente seja o fundador/CEO de uma empresa de tecnologia que valha US$1 bilhão. Quando isso acontecer, estaremos realmente à beira do precipício do apocalipse zumbi econômico. Se ele ou ela vestir uma blusa preta de gola rolê, tratar mal os funcionários e tiver tatuagens, um piercing no nariz ou outros apetrechos da juventude, a sociedade o tratará como Jesus Cristo. Atualmente idolatramos o altar da inovação e juventude, em vez de caráter ou bondade.

O que Fazer Se Achar que Pode Estar em uma Bolha

Sou o fundador, ou cofundador, de nove empresas. O fator mais relacionado ao sucesso ou à falência? O momento de sua fundação. As empresas bem-sucedidas foram iniciadas quando estávamos saindo das recessões (1992 e 2009), pois pessoas, imóveis e serviços são bem mais baratos. Minha diretora de estratégia na L2 se juntou a nós em 2009, e ela tem sido o ingrediente secreto do nosso sucesso, quando sua oferta de uma empresa de consultoria foi retirada (leia-se: recessão), e minha oferta de US$10 por hora foi sua melhor opção. (Nota: ela ganha muito mais hoje.)

Empresas iniciadas em épocas de boom (1998, 2006) tiveram dificuldades. As pessoas que nossas empresas conseguiram atrair nesses períodos eram medíocres, já que as ótimas estavam arrasando em outros lugares. Além disso, o capital barato servia como alucinógeno para viabilidade de nossos

O que Fazer Se Achar que Pode Estar em uma Bolha

produtos e serviços no mercado. Neste momento, apegue-se a uma grande empresa que, por seu potencial, acredite que você irá para a Squarespace se não lhe pagarem bem. Se você for uma startup (ou qualquer empresa, na verdade), levante dinheiro, já que não conseguirá fazê-lo por um tempo. Se estiver arrecadando US$1 milhão, aumente para US$5 milhões. Em geral, é preciso levantar dinheiro quando você não precisa. Não vá para a faculdade de administração (a menos que seja a NYU, é claro). A escola de administração se tornou domínio da elite e dos sem rumo, ou um lugar para se esconder de uma recessão. Se estiver se saindo bem em uma boa empresa durante uma época de boom, fique onde está.

Falta ainda saber como tudo se desenrolará, mas, se você suspeita que a quebra está chegando, aqui vão algumas ideias.

Saiba Quando Vender

Em 2017, convencido de que estávamos na iminência do estouro de uma bolha, vendi. Ou, pelo menos, vendi ativos que não esperava ou queria possuir por no mínimo dez anos. Se você for jovem, seu dinheiro no mercado pode sobreviver a giros (é difícil cronometrar o mercado). Mas, se você for um empreendedor ou tiver muitos ativos que representam uma grande parte da sua riqueza, posso dizer que, mesmo que o bull market não seja o melhor momento para vender, certamente não é o pior. Vendemos a L2 em 2017. Eu estava confiante com as perspectivas da empresa, mas a dinâmica do mercado se sobrepõe ao desempenho individual. Estávamos no bull market há oito anos e era o momento, inclusive tardio, de fazer uma correção.

Apesar dos famosos exemplos de pessoas que ganharam bilhões com concentrações extremas de sua riqueza (como Bezos, Gates e Zuckerberg), suponha que você não será uma delas. Busque o lugar-comum de investir e acumular riqueza: diversificação. Se tiver sorte de ter um ativo, seja uma ação ou uma casa, venda o mais caro que puder para que represente a maior parte da sua riqueza, torne esse ativo o mais líquido possível. Se houver pressão para não vender, se pergunte se as pessoas (conselho, investidores, mercado, mídia) que o pressionam já são ricas; se forem, ignore-as. A maioria das vezes em que tive um aumento substancial em um dos meus ativos (geralmente ações de uma das minhas empresas) e não busquei a liquidez, o mercado interveio e diversificou para mim por meio de uma queda no valor da minha empresa. *Você*, e não o mercado, deve ser o juiz da diversificação dos seus ativos.

O que Fazer Se Achar que Pode Estar em uma Bolha

Dinheiro

Estou 80% focado em dinheiro, o que a maioria dos gestores financeiros sensatos lhe dirá que é burrice. Mesmo que seja burrice, não chega nem perto das minhas maiores burrices (como, aos 32 anos, recusar US$55 milhões por minha primeira empresa, que estava gerando US$4 milhões de receita; me concentrar 100% em ações de tecnologia etc.). Então, é isso. Sempre que uma bolha explodia, eu desejava ter bala na agulha, muita bala, enquanto o mercado mudava por consequência da queda — boas empresas a preços baixos (Williams-Sonoma a US$5 por ação, Apple a US$12 etc.). Estou disposto a abrir mão dos ganhos, pois quero muito estar do lado certo da rua quando a recessão colidir desta vez.

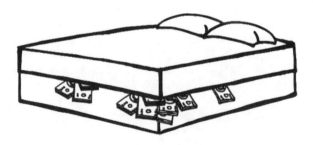

Consultores financeiros inteligentes lhe dirão para focar sempre o mercado. Mas não consigo evitar... hora do colchão.

A Álgebra da Felicidade

Seja Humilde

Se estiver se saindo muito bem, é crucial saber que boa parte disso não aconteceu por sua causa — você foi levado pelo boom. Essa humildade o levará a viver dentro de suas possibilidades e o preparará financeira e psicologicamente para a próxima situação. E, quando a próxima parte do ciclo surgir — e surgirá —, será um alívio saber (novamente) que não é por sua causa, e que você não é o idiota que o mercado talvez o faça pensar que é.

Mensure o que Importa

É instintivo "gerenciar os riscos". As métricas que valorizamos são os limites de nossas intenções, ações e valores. Todos temos um Fitbit/Apple Watch interno, que tenta atingir certas métricas em diferentes áreas da vida. As métricas, e os números aos quais dá importância, dizem muito sobre quem você é. As métricas das quais nunca me desvio — boas, ruins e horríveis:

Patrimônio líquido. Penso muito em dinheiro. Sei o quanto isso soa mal. Quando eu não tinha muito, não prestava atenção a isso. E mesmo hoje, quando sei que minha carteira de ações foi prejudicada, não verifico minhas contas de corretagem por alguns dias, pois não quero ficar chateado e sei que (quase sempre) elas se recuperarão. Como a maioria das coisas na vida, seus ganhos e perdas no mercado nunca são tão bons ou tão ruins quanto parecem. Eu preferiria trabalhar com capital privado ou capital de risco do que para um fundo hedge, já que acompanhar um indicador de desempenho é muito estressante.

Pessoas ricas alegam não pensar muito em dinheiro. Mentira — elas são obcecadas por dinheiro. A ideia de que não pensam é uma tentativa de diminuir o ressentimento (por ex., revolução) das 3,5 bilhões de pessoas que têm menos ativos do que os 12 indivíduos mais ricos. Será que as pessoas ficaram ricas porque são tão bondosas e talentosas que simplesmente aconteceu ("opa, tô rico")? Como disse antes, aqueles que o incentivam a seguir sua paixão já são ricos. Eles percorreram persistentemente um caminho e foram obcecados pelo sucesso por muito tempo. Eles querem parecer inspiradores e falar uma frase de efeito, pois a verdade de que o sucesso demanda de 60 a 80 horas de trabalho por semana por muitas décadas não incita aplausos em discursos de formatura.

Todas as pessoas ricas que conheci mensuram seu patrimônio líquido nos mínimos detalhes e com frequência. Você precisa ser esperto, ou pode perder muito. Vivemos em uma sociedade capitalista, e a quantidade de dinheiro que se tem é um indicador futuro da qualidade do seu plano de saúde, do conforto do seu lar, da harmonia em seus relacionamentos e da qualidade da educação dos seus filhos.

580. Com 20 e tantos anos, tive problemas em conseguir uma hipoteca para minha primeira casa após a faculdade, pois meu score de crédito era 580. O problema não era falta de dinheiro, mas o fato de eu ser muito irresponsável/imaturo/idiota para pagar minhas contas em dia. Sempre senti como se houvesse uma enorme placa escrito "580" sobre minha cabeça.

120K e 350K. Meu número de seguidores no Twitter e a média de visualizações semanais que minha série Winners & Losers no YouTube costumava ter, respectivamente. (Finalizamos a W&L no final de 2018.) Não sou viciado em mídias sociais, nem gosto muito delas, mas sou fissurado em feedbacks e afirmações. Leio os comentários e acompanho os likes e retweets algumas vezes ao dia. É como uma bomba de dopamina em meu bolso.

2x/ano. Meu pai está morrendo. Nada iminente, mas ele tem 88 anos, o que, em termos gerais, significa que o fim está mais próximo do que distante. Nos últimos 5 anos o vi (no máximo) 2 vezes ao ano. Fico remoendo isso em minha mente, enquanto me esforço para tornar sua vida mais confortável e ligo para ele todo domingo. Porém, uma avaliação sincera do caso revela a verdade nua e crua... Não sou o filho que queria ser.

400. Pelos últimos 15 anos, lecionei para, em média, 400 alunos por ano. Gosto deles; (geralmente) eles gostam de mim e acreditam que agrego valor. Muitos deles costumam me procurar regularmente e demonstrar gratidão e admiração, o que me faz sentir relevante.

3, 4 e 2. Abri nove empresas: três triunfaram, quatro faliram e duas ficaram no meio-termo. Não acredito que qualquer cultura ou país, além dos EUA, teria me concedido tantas oportunidades.

Indicadores, métricas e metas variam das insignificantes às mais profundas. Responsabilidade e visão são subprodutos da matemática. Números geram insights sobre os mercados, como o valor é gerado e como queremos viver nossas vidas. É um exercício saudável fazer uma avaliação das métricas em sua vida. Resumindo, preciso visitar meu pai.

Conheça os Fins, e Não os Meios

Quando eu era calouro na UCLA, David Carey era veterano. Fazíamos parte da mesma fraternidade e nos conhecíamos, mas não éramos amigos, já que não tínhamos nada em comum. David namorava sério uma menina chamada Laurie e era o editor do jornal da faculdade, o Daily Bruin. Ele usava óculos grandes e parecia ter 40 anos. Eu era imaturo demais para estar em um relacionamento, usava rabo de cavalo, fumava muita maconha e era da equipe de remo. Passaram-se 30 anos, David está casado com Laurie, supervisiona os negócios da Hearst Magazines, usa óculos grandes e parece ter 40 anos. Eu ainda fumo maconha, mas sou uma pessoa completamente diferente. David mudou menos do que qualquer pessoa que conheço, no bom sentido.

Aos 20 anos, sabia do progresso profissional de David, já que as conversas entre os amigos da faculdade sempre chegam no assunto: "Quem está mandando bem?" David sempre estava nessa lista. Ele era um dos editores mais jovens do mercado (*SmartMoney* — lembra deles?). David então conseguiu grandes empregos na Condé Nast, inclusive como editor da revista *The New Yorker*, ainda aos 30 anos. Ele sempre me contatava para almoçarmos juntos na Condé Nast, onde íamos ao restaurante projetado por Frank Gehry e comíamos sushi entre jovens incrivelmente estilosos cujos pais estavam iniciando-os na moda. Anna Wintour sentava na mesa do canto com S. I. Newhouse Jr. Naquela época, eu fundava empresas de tecnologia em São Francisco e estava cercado de pessoas que iluminavam o ambiente. Mas ia a Nova York, onde almoçava ao lado do diabo vestindo Prada. Sentia-me mais relevante; sentia-me incrível. Em contrapartida, quando meus investidores insistiam na criação de uma marca, eu pagava caro por páginas nas revistas *The New Yorker* e *InStyle*. Um dia, enquanto almoçava naquele restaurante, decidi me mudar para Nova York.

Depois do período de David na Condé Nast, ele me convidava para almoçar no 55º andar da Hearst Tower em uma sala de jantar privativa para duas pessoas, onde um garçom de terno nos trazia folheados pelos quais a empresa era conhecida. Naquela época eu já lecionava na NYU e não tinha nada a oferecer a David profissionalmente. Mas me tornei um amigo, e ele tinha um código de conduta que incluía procurar os amigos regularmente. Hoje quase não temos semelhanças profissionais. Escrevi um artigo para a *Esquire* (ideia dele), mas não trabalhamos juntos. Apesar disso, ficamos mais próximos. Principalmente por causa de uma bênção que temos em comum, a qual não reconhecemos aos 18 nem aos 22 anos, mas que ganhou espaço em nossas mentes conforme envelhecemos. Ambos viemos de famílias de classe média de Los Angeles. A generosidade dos contribuintes da Califórnia e a visão dos diretores da Universidade da Califórnia nos elevaram e nos deram a oportunidade de ter vidas relevantes e recompensadoras.

Em 2018, David anunciou que estava deixando seu cargo como presidente da Hearst Magazines. Em nosso almoço mais recente, ele compartilhou comigo seus planos de renúncia. Não fez sentido para mim, já que David ainda é relativamente jovem, além de ser respeitado na Hearst — uma ótima empresa que é generosa com seu pessoal. Sugeri que ele ficasse, já que estava "atingindo seu ápice" e devia aproveitar seu posto por mais alguns anos. Pela primeira vez pude perceber um sentimento incontido em David (ele é uma rocha) quando respondeu: "Quero ajudar os jovens, e cansei de ter que demitir meus amigos."

A Álgebra da Felicidade

É fácil ser admirável quando se é um executivo em um setor que cresce 50% ao ano. Deixar o setor de publicações com amigos e uma reputação intacta é como vencer a Maratona de Boston com uma febre de 40 graus.

David é um exemplo para mim. Não por seu sucesso profissional; conheço muitas pessoas muito bem-sucedidas. Mas porque ele nunca perdeu o foco... como eu e muitas, ou a maioria, das pessoas ambiciosas fazem em determinada fase de suas vidas. O sucesso profissional é o meio, e não o fim. O fim é ter segurança financeira para sua família e, mais importante, relacionamentos significativos com familiares e amigos. David está casado com Laurie há mais de três décadas, tem quatro filhos adultos incríveis que estão sempre por perto (sempre) e visivelmente adoram seus pais. Ele tem amigos que o admiram e se sentem admirados por ele.

Chegamos em estágios profissionais parecidos (estou sendo generoso comigo mesmo). Minha ascensão foi impulsionada pela Universidade da Califórnia, por trabalho árduo e tolerância a riscos. A ascensão de David foi em função da Universidade da Califórnia, trabalho árduo e caráter.

Aprenda com a Rejeição

No colégio, candidatei-me a presidente da classe em todos os anos. Perdi todas as três vezes. Com base nesse histórico, era óbvio que eu deveria concorrer a presidente do corpo estudantil. Concorri e (adivinha) perdi. Também fui cortado dos times de beisebol e basquete. Lembro-me de ir com minha mãe ao Junior's Deli em Sepulveda para comemorar minha entrada na UCLA após ter sido rejeitado da primeira vez.

Ao chegar ao campus, candidatei-me a 5 fraternidades diferentes e fui aceito em 1, pois estavam procurando alguém para ocupar 1 quarto vazio e ajudar a dividir as contas. Quando me formei, fiz entrevistas em 22 empresas e recebi apenas 1 oferta de emprego, do Morgan Stanley.

Inscrevi-me em diversos programas de MBA e fui rejeitado por Stanford, Indiana, Wharton, Duke, UT Austin e Kellogg. Fui aceito pela UCLA e Berkeley Haas com o mesmo argumento que usei na UCLA da primeira vez: "Sou um cara medíocre, mas sou o seu [da Califórnia] cara medíocre."

Na faculdade de administração, concorri a presidente da classe e perdi. Desde que me formei, abri nove empresas. A maioria faliu.

A Serendipidade É uma Função da Coragem

Gosto de álcool, mas ele também teve um papel evolutivo, pois aumentou dramaticamente meu conjunto de potenciais parceiras. Em situações sociais, ficar "bebaço" foi como uma proteção contra a rejeição. Sou minha melhor versão após alguns drinques: mais engraçado, mais carinhoso, confiante, comprometido, legal... melhor. (Mal posso esperar pelos e-mails de reprovação por causa disso.) Lembro-me de estar na piscina do Raleigh Hotel em Miami Beach e ver uma mulher por quem me senti incrivelmente atraído. Compro-

Aprenda com a Rejeição

meti-me a falar com ela antes de ir embora e pedi uma bebida imediatamente (não me orgulho disso). Pedir dinheiro a um investidor não é nada comparado a abordar uma mulher no meio do dia em uma cadeira de praia, sentada com outra mulher e um cara, e iniciar uma conversa. Costumo dizer a meus alunos que nada maravilhoso, ou seja, realmente fantástico, acontece sem que você se sujeite a riscos e à rejeição. A serendipidade é uma função da coragem.

Minha disposição em suportar a rejeição de universidades, colegas, investidores e mulheres tem sido muito recompensadora. Saber o que você quer é uma bênção, e o medo da rejeição é um obstáculo maior do que a falta de talento ou o mercado. Prepare-se para correr alguns riscos todos os dias (peça um aumento, apresente-se a estranhos em uma festa) e fique confortável em almejar coisas além do seu alcance.

O nome do meio do meu filho mais velho é Raleigh.

Se Não For Empregado, Empregue a Si Mesmo

empregado
Uma pessoa contratada para prestar serviços a uma empresa regularmente em troca de uma remuneração.

Hoje sou empregado da Gartner, a empresa que adquiriu a L2. Apesar de ainda doer, tem sido menos doloroso do que eu esperava, já que as pessoas são inteligentes e bondosas. A última vez que fui empregado foi há 25 anos no Morgan Stanley, meu primeiro emprego depois da UCLA. Tive dezenas de empregos de meio-período, mas nada que oferecesse assistência médica ou a expectativa de ser efetivado. Ser um empregado, e o pacto salário-por-trabalho, é crucial para o capitalismo e algo em que os norte-americanos são bons. Ou melhor, a maioria dos norte-americanos.

As habilidades e atributos necessários para ser um empreendedor são celebrados na mídia todos os dias — ter visão, correr riscos, ter coragem. Mas poucos mencionam as habilidades necessárias para ser um bom empregado. Não possuo quase nenhuma delas. As pessoas pensam que, por eu ser um empreendedor, tenho talentos extraordinários que são muito grandes para uma empresa. A verdade sobre mais de 90% dos empreendedores é que abrimos empresas não porque somos muito habilidosos, mas porque não temos os requisitos para sermos empregados eficientes. Com base em riscos, ser um empregado em uma empresa boa ou ótima é mais recompensador do que ser um empreendedor. Novamente, algo não discutido pela mídia obcecada pelos "inovadores".

Alguns desses atributos são:

1. **Ser adulto.** Sim, é muito chato ser adulto e ter que fazer coisas que você talvez não queira fazer ou que não façam sentido. Ir e voltar do trabalho no ápice do congestionamento e ir a reuniões que são irrelevantes para seu trabalho não fazem sentido. Mas eles pagam seu salário e, provavelmente, cobrem os custos de remoção daquela verruga. Ser adulto é reconhecer que nem tudo tem a ver com você.

Ao trabalhar por conta própria, tudo o que você faz é principalmente para si mesmo. Nesse ponto, suas ações fazem sentido, pois você está no comando.

Ontem, chegamos no escritório e encontramos em nossas mesas calendários com mensagens motivacionais para cada mês. Em janeiro, devemos "Descobrir, Aprender e Crescer". Bom saber. Acredito que expor frases motivacionais no ambiente de trabalho seja abusivo. Escrever sobre isso ajuda a amenizar.

2. **Civilidade.** Como sou empreendedor e costumo estar no comando, as pessoas romantizam minha franqueza como visão ou liderança. Entretanto, funcionários não demonstrariam essa mistura de raiva, honestidade e feedback, já que existe uma diferença entre estar certo e ser eficiente. Eles devem se orientar por ambos os aspectos e perceber que fazem parte de uma equipe, e que precisam apoiar uns aos outros. Mostre-me um idiota em uma empresa de porte pequeno a médio — ele costuma ser o cara ou a garota que gerencia o local. Conforme uma empresa cresce, a pessoa no cargo mais alto não pode ser babaca, já que essa "franqueza radical" não se projeta bem. Pequenas empresas prosperam com 6 a 12 membros nível A, que dão seu melhor, e são insuportavelmente impacientes. Grandes empresas crescem com centenas ou milhares de membros de nível B+ que são bem-educados.

3. **Estar seguro consigo mesmo.** Trabalhar para outras pessoas significa viver no desconhecido. É comum ser incapaz de interpretar pistas verbais ou não verbais, ou sua avaliação, nesse sentido. Não se pode ter certeza do que as pessoas que podem definir seu bem-estar econômico planejaram, ou não planejaram, para você. Logo após sair da faculdade, me sentia profundamente inseguro (hoje sou apenas inseguro), e toda vez que as pessoas entravam em uma sala de reuniões eu supunha que estavam falando sobre mim. Não foi uma visão, mas uma insegurança que me levou ao empreendedorismo.

Hoje, como funcionário da Gartner, aguento uma fração das bobagens do que a maioria aguenta, e fico mais tranquilo acerca disso. Não sei se eles têm medo de mim, não têm ideia do que fazer comigo ou simplesmente não se importam... mas costumam me deixar em paz e são solidários. É estranho ser um funcionário, sem nenhum subordinado direto na empresa que você construiu... e descobrir por e-mail, como todo mundo, o que a empresa planejou. É como se estivesse flutuando no espaço. Um belo traje, pessoas impressionadas, uma ótima vista (ou seja, sucesso), mas não estou mais conectado à nave-mãe. A insegurança se instala novamente. *Eu agrego valor? O que estou fazendo aqui? Será que eles gostam mesmo de mim?*

Namath

A parte mais recompensadora do meu trabalho é quando os jovens que confiam em mim buscam meus conselhos sobre seus próximos passos ou outros assuntos profissionais. Nessa idade, algumas das crianças, como os chamo, tornam-se crianças adultas, e me preocupo com seu bem-estar. É recompensador, pois desperta aquele senso maternal/paternal que temos conforme envelhecemos.

Sou como Joe Namath aparecendo no treino dos Jets. Todos respeitam o que construí e querem me conhecer ou conversar comigo. Porém, tenho receio de logo me tornar o Joe Namath Bêbado, quando todos procurarão um jeito educado (e menos esquisito) de me dispensar. Esse momento está próximo. Até lá, sou o funcionário deles.

Seja um Exemplo

No ensino médio, eu era invisível.

Na segunda série, eu era o filho único de uma família nuclear onde Papai era o vice-presidente da International Telegraph and Telegram (ITT) e Mamãe era a secretária. Vivíamos em uma casa em Laguna Niguel com vista para o Pacífico. Na oitava série, eu era o filho de uma mãe solteira (ainda secretária) e morava em um apartamento em Westwood. Na terceira série, Debbie Brubaker e eu avançamos para a quinta série em Matemática e Inglês. Na oitava série, eu tirava notas baixas em Cálculo e minha professora sugeriu que eu fosse rebaixado para Álgebra II.

Na quarta série, cheguei ao time principal de beisebol como arremessador e interbases. Na oitava série, um estirão de crescimento desacompanhado de ganho de peso me conferiu a altura de um garoto de 13 anos com a coordenação e a força de um garoto de 9. Na época, eu estava em uma escola maior e integrada. Tinha um garoto que, na oitava série, conseguia enterrar a bola de basquete na cesta. Os pais dos meus dois melhores amigos os tiraram da Emerson, concluindo que uma escola integrada não era ideal para seus filhos, e os colocaram em escolas particulares.

Eu estava amadurecendo e mudando de notável para notavelmente medíocre. Não me sobressaía em nada, tinha poucos amigos e nenhum senso real de identidade. Invisível.

Randy, o namorado da minha mãe, morava em Reno e tinha uma empresa de suprimentos para restaurantes. Ele era rico, ou parecia rico. Mais do que isso, ele era generoso e comprometido com o bem-estar do filho de sua namorada. Randy passava alguns finais de semana conosco. Eu era sem-

Seja um Exemplo

pre bem-vindo nas viagens que eles faziam, e ele comprou para mim, meu primeiro skate legal, um Bahne. Randy pagou a hipoteca do nosso apartamento em Westwood, a qual minha mãe, como secretária, jamais teria conseguido pagar. Ele tornou nossas vidas significativamente melhores. Randy também era casado, e tinha seu próprio filho em idade escolar, mas isso é outra história.

Em um domingo à noite, enquanto ele fazia as malas para ir embora, perguntei a Randy sobre ações. Tinha ouvido Jerry Dunphy, o âncora do jornal local, falar sobre o mercado de ações na TV. Enquanto observava Randy dobrar blusas e colocar itens de higiene em sua nécessaire de couro (perfume, creme de barbear e pós-barba), ele me deu uma visão geral sobre os mercados. Quando o táxi buzinou, carreguei sua mala até o andar de baixo. Randy parou ao lado da mesa da sala de jantar, pegou sua carteira, colocou duas notas novinhas de US$100 na mesa e disse: "Compre algumas ações em alguma daquelas corretoras chiques do Village." Perguntei a ele como faria aquilo. "Você é esperto o bastante para descobrir e, se não o fizer até eu voltar, quero meu dinheiro de volta." Eu nunca tinha visto uma nota de US$100.

Coloquei-as embaixo de um volume da minha *Encyclopedia Britannica* e, no dia seguinte, após a escola, fui até a esquina das ruas Westwood e Wilshire e entrei no escritório da Merrill Lynch, Pierce, Fenner & Smith. Sentei-me na recepção e... eu era invisível. Eles não foram hostis ou maus — eu simplesmente era invisível. Apesar da minha invisibilidade, comecei a ficar inseguro. Saí de lá, atravessei a rua e entrei no escritório da Dean Witter Reynolds. Uma mulher com grandes joias de ouro perguntou se poderia me ajudar, e disse a ela que estava ali para comprar ações. Ela hesitou. Fiquei inseguro novamente e disse: "Tenho US$200." Então tirei as duas notas novas de um envelope onde as tinha colocado aquela manhã. Ela se levantou, deu-me um envelope com janela e me disse para esperar um minuto. Sentado ali, reorganizei as notas em meu novo envelope de modo que podia ver o cabelo e a orelha de Ben Franklin através do celofane. Um jovem de cabelo enrolado se aproximou de mim, perguntou meu nome e se apresentou.

Seja um Exemplo

"Meu nome é Cy Cordner.* Bem-vindo à Dean Witter."
Cy me levou a seu escritório e me deu uma aula de 30 minutos sobre o mercado. A proporção de compradores e vendedores determinava os movimentos de preço. Cada ação representava uma pequena parcela de participação. Você podia comprar ações em empresas cujos produtos gostava ou admirava. Amadores agem por emoção, profissionais, com base em números. Decidimos investir meu presente em 13 ações da Columbia Pictures, registro CPS, por US$15 $^{3/8}$.

Todos os dias úteis pelos dois anos seguintes, durante o almoço, eu ia até o orelhão da praça principal com US$0,20 e ligava pra Cy para conversarmos sobre minha carteira de ações. Às vezes eu ia até seu escritório depois da escola para saber as novidades pessoalmente (leia anteriormente: poucos amigos). Ele digitava o registro e me dizia qual das ações havia atingido aquele dia e especulava sobre o motivo de oscilarem: "Os mercados operaram em baixa hoje"; "Parece que *Contatos Imediatos do Terceiro Grau* é um sucesso"; "*Unidos Por Um Ideal* é excelente". Cy também reservava um tempo para ligar para minha mãe. Não para convencê-la a fazer negócios (não tínhamos dinheiro), mas para contar a ela sobre o que havíamos falado e dizer coisas boas sobre mim.

---

* É um pseudônimo.

A história seria mais divertida se eu tivesse me tornado um gestor bilionário de fundos hedge. Não sou. Mas sei mais sobre o mercado do que a maioria dos professores de marketing, e isso me foi muito útil. Muito útil mesmo. Mais importante, aos 13 anos, eu era visível. Visível e merecedor do tempo de um homem impressionante, todos os dias. Randy e Cy me ensinaram que homens admiráveis podem se dedicar irracionalmente ao bem-estar de uma criança... que nem é deles. Quando fui para a faculdade, perdi o contato com Cy e, muitos anos depois, vendi as ações para fazer uma viagem de carro para Ensenada com meus amigos da UCLA.

Retribua

Aos 40 anos fui abençoado com uma maior autoconsciência. Consciente de minhas forças, fraquezas, bênçãos e o que me deixa feliz. O problema é que também me tornei mais consciente de minhas deficiências — por ter recebido mais do que ofereci. Amigos que investiram mais na amizade do que eu. Parceiras/namoradas que foram mais comprometidas e generosas. Até os contribuintes da Califórnia, que pagaram pelos meus estudos na UCLA, e eu retribuí com um fracasso impressionante — uma média de 2,27 (sem brincadeira). Recebendo, sempre recebendo.

Tenho tentado consertar isso, e decidi procurar Cy há dez anos para agradecê-lo. Procurei-o no Google de todas as

Seja um Exemplo

formas possíveis, até liguei para a Dean Witter (hoje Morgan Stanley), mas sem sorte. É possível que ele seja discreto ou talvez esteja totalmente desconectado. Conto a história para meus alunos quando conversamos sobre mentores e como muitas atitudes bondosas de estranhos impactaram minha vida e prosperidade. Durante a última década os tenho desafiado a encontrar Cy (oferecendo uma recompensa de US$5 mil), já que sei que voltarão de mãos abanando.

"Encontramos Cy Cordner"

Em minha aula de Estratégia de Marca da primavera de 2018, no dia seguinte em que propus o desafio aos 170 alunos, recebi não um, ou dois, mas três e-mails com o mesmo assunto: "Encontramos Cy Cordner." Os três novos Magnum P.I.s haviam encontrado o sobrinho de Cy no Facebook, entraram em contato com ele e conseguiram seu número de telefone. (Importante frisar que essa é uma das milhões de coisas boas que acontecem na plataforma social, já que tenho criticado muito o Facebook recentemente.) Liguei para Cy no final daquela semana e conversamos por uma hora. Nossas vidas tomaram rumos estranhamente semelhantes: UCLA, serviços financeiros (ambos na Morgan Stanley, para Cy por meio da Dean Witter), divórcio, dois filhos e, então, o empreendedorismo. Depois que se divorciou, Cy quis ficar mais perto de suas filhas e se mudou para Oregon, onde tem uma loja de móveis sofisticados chamada Monaco. Ele pretende se aposentar ano que vem. Depois do nosso primeiro contato em 40 anos, recebi o seguinte e-mail de Cy:

Cy Cordner <xxxxx@gmail.com> 27 de março de 2018

Caro Professor Galloway {Scott},

Foi um imenso prazer conversar com você ontem. Sua vida trilhou um caminho notável e, em muitos casos, paralelo à minha própria vida. Quando desligamos, contei à minha namorada boa parte da história por trás de nossa conversa. Ela ficou igualmente impressionada! Permita-me um momento para destilar meus pensamentos e sentimentos.

Sua perseverança e sucesso refletem sua educação e o amor de sua mãe. Além disso, sua personalidade como um garoto que (como eu) tinha uma enorme sede por conhecimento é muito aparente. Tenho orgulho de termos nos conhecido quando você era tão jovem e que eu tenha causado uma impressão construtiva em sua vida. TENHO MUITO ORGULHO DE VOCÊ!

Espero ter a oportunidade de encontrá-lo novamente. Se algum dia precisar de algo, é só entrar em contato comigo a qualquer momento.

Atenciosamente,
Cy Cordner

Passaram-se 40 anos e é como se eu tivesse 13 anos novamente, conversando com um homem generoso que me faz sentir menos invisível.

O aniversário de 70 anos de Cy se aproxima e ele está fazendo o balanço de suas bênçãos, casando-se novamente, pensando em vender sua empresa e desacelerando para se aposentar. Aos 54, também estou contando minhas bênçãos, e tentando reparar minhas pendências.

Amor

Amor

Os Fins

Amor e relacionamentos são os fins — todo o resto é apenas meio. Nós, como espécie, segmentamos o amor. Quando somos jovens, recebemos amor — de nossos pais, professores, cuidadores. Quando entramos na fase adulta, descobrimos o amor transacional; amamos os outros em troca de algo — seu amor, segurança ou intimidade. Então vem o amor total, render-se a amar alguém independentemente de ser amado de volta ou receber algo em troca. Sem condições, sem trocas, apenas a decisão de amar essa pessoa e concentrar-se simplesmente em seu bem-estar.

Amor recebido é reconfortante, amor retribuído é recompensador e amor totalmente concedido é eterno. Você é imortal. Seu papel, seu trabalho como agente da espécie, é amar alguém incondicionalmente. Esse é o segredo que consolida a sobrevivência do Homo sapiens. E, para garantir que continuaremos engajados em realizar esse ato, a natureza o tornou o mais recompensador. Amar alguém completamente é a realização final. Ela diz ao universo que você importa, que é um agente da sobrevivência, da evolução e da vida. Você ainda é apenas um grão de areia, mas um grão faz diferença.

A Decisão Mais Importante

A principal decisão que você tomará na vida é com quem terá filhos. Casar-se com alguém é importante; ter filhos com alguém é profundo. (Nota: não acredito que seja preciso casar-se para ter uma vida maravilhosa.) Criar filhos com alguém bondoso, responsável e cuja companhia você aprecia é uma série de momentos felizes imersos em conforto e gratidão. Criar filhos com alguém que não é responsável ou de quem você não gosta ocasiona momentos de alegria imersos em ansiedade e decepção.

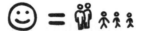

Construir uma vida com alguém que o ama, e que você ama, praticamente garante uma vida de gratidão interrompida por momentos de pura alegria. Dividir sua vida com alguém instável ou que o despreza jamais lhe permitirá ter descanso para relaxar e aproveitar suas bênçãos.

Alguém Que Gosta de Você

Como encontrar essa pessoa? Os jovens precisam tentar superar o sentimento de escassez. Deixe-me explicar. É fundamental para a evolução tentar atingir um patamar acima do seu e misturar seu DNA com alguém que tenha um DNA melhor — seleção natural. O fato de as pessoas rejeitarem suas investidas é um indicador de que se está mirando alto demais. No fim das contas, você provavelmente acabará com alguém do seu patamar em termos de personalidade, sucesso, aparência e linhagem. A rejeição dá um sinal, imediato e crível, de que o objeto de desejo tem um DNA melhor do que o seu, e sabe disso. O problema é que você passa a associar a rejeição, um DNA superior, a um fracasso. Não estou sugerindo que as pessoas não devem ir além de seu patamar (um atributo crucial para o sucesso) e não convidar aquele cara alto com um cabelo lindo para sair. Mas os jovens podem se beneficiar de algo simples:

Goste de alguém que gosta de você.

Alguém pensar que você é incrível é um atributo... não um problema. Descobri que a maioria dos jovens não se atrai por alguém até ter sido rejeitado de alguma forma pela outra pessoa... o que é interpretado como um sinal de DNA superior. Sim, almeje um patamar maior que o seu... mas não caia na armadilha de acreditar que alguém é melhor só porque não está a fim de você. E se alguém achar que você é incrível,

A Álgebra da Felicidade

não significa que essa pessoa esteja em um patamar inferior ou que de alguma forma não valha a pena.

Minha cadela, Zoe, escolhe a pessoa que mais a ama. Ela é a Oprah dos relacionamentos. Zoe, e todos nós, sentimos contentamento ao reconhecer um atalho para a felicidade: encontrar alguém que o escolha acima de tudo e de todos.

1 + 1 > 2

Tenho um amigo, um gestor de fundos hedge bem-sucedido, que se mudou para Cascais, uma pequena cidade próxima a Lisboa, Portugal. Ele queria reiniciar sua vida — concentrar-se mais na família e aproveitar a qualidade de vida de Portugal. Ele fica na minha casa quando vem à cidade, o que me agrada, já que as moradias dos docentes da NYU são um tanto solitárias no inverno — chega a ser deprimente (me abrace). Apesar de ser um mestre do universo, ele tem fortes instintos acolhedores e cuida naturalmente das pessoas a seu redor. Ontem à noite cheguei em casa e ele disse que iríamos jantar no Soho House.

Encontramos dois amigos, um recém-noivo e o outro recém-divorciado. Parabenizamos o amigo mais novo pelo futuro casamento e então nos concentramos no importante trabalho de entender todos os detalhes de ser solteiro em nossa idade.

A Álgebra da Felicidade

Tinder

O que ficou claro foi que, apesar de às vezes ser legal, ser solteiro é muito trabalhoso. É exaustivo se preparar, barbear, embelezar, planejar, entrar no Tinder, trocar mensagens, cortejar, rejeitar, ir ao Coachella, fazer joguinhos e ser rejeitado. Ser bom em ser solteiro significa que ou você faz parte do 1% da população que não vive no mundo real e tudo meio que cai no seu colo (conheço algumas pessoas assim e as odeio), ou — como em qualquer outro trabalho — você tem que se esforçar.

Estudos mostram que o casamento é economicamente vantajoso. Ter uma companhia, dividir as despesas e as responsabilidades, poder concentrar-se em suas carreiras e aproveitar a sabedoria das massas (casais) geralmente leva

1 + 1 > 2

a melhores decisões ("Não, não vamos comprar um barco"). Ocorre uma simplificação das opções, o que lhe permite dedicar sua atenção a coisas que crescem, em vez das que diminuem, em valor (sua carreira versus sua capacidade de atração alheia ou ser visto nos lugares certos).

Uma vez casado, seu patrimônio doméstico cresce em média 14% ao ano. Cônjuges, aos 50 anos, têm em média 3x mais ativos do que seus semelhantes solteiros. O segredo? Levar a sério o "até que a morte nos separe", já que o divórcio consome boa parte dessa vantagem tripla. De um ponto de vista evolutivo, relacionamentos monogâmicos melhoram as chances de sobrevivência dos filhos, beneficiando nossa espécie como um todo.

Tente ser Parceiro

O casamento remonta às sociedades antigas. Nossos ancestrais precisavam de um ambiente seguro para ter filhos e uma maneira de lidar com direitos de propriedade. Casamentos com base em amor se popularizaram somente na era do Romantismo. A aliança, um costume originado na Roma antiga, é um círculo que simboliza a união eterna e permanente. Acreditava-se que uma veia ou nervo corria diretamente do "dedo anelar" da mão esquerda até o coração.

Sou bom em casamentos; casei duas vezes. Um deles foi bom, o outro, ótimo. Meu primeiro casamento não acabou porque era ruim, mas porque eu queria ser solteiro. Mas essa é outra história.

Este é o conselho sobre casamento que dou quando sou convidado a fazer um brinde em uma festa de casamento. É sob a perspectiva de um homem (inevitável).

Não meça esforços. É da natureza humana aumentar sua contribuição ao relacionamento e diminuir a do seu parceiro. Casais que ficam sempre comparando quem fez o quê pelo relacionamento desperdiçam energia, e no final ambos se enxergam no prejuízo. Decida se o relacionamento como um todo lhe traz conforto e alegria e, se trouxer (é bom que sim, a essa altura), então comprometa-se em sempre ser solícito — tente ser generoso e faça tudo o que puder por seu cônjuge, sempre que possível.

Esteja disposto a fazer as pazes caso seu parceiro pise na bola, o que acontecerá. Estudos mostram que o perdão é uma qualidade essencial em relacionamentos sustentáveis e felizes. Um dos principais componentes de nosso sucesso como nação é darmos uma segunda chance às pessoas. Não é diferente em relacionamentos — conquistar um amor verdadeiro e uma noção

1 + 1 > 2

de parceria provavelmente envolverá o perdão que, em certo momento, pode parecer injusto e até mesmo vergonhoso. Conforme envelhecemos, recebemos mais retribuição ao nos doar. Medir esforços cria uma dinâmica na qual você nunca se entrega totalmente à verdadeira alegria da vida... fazer algo por alguém por amor e por escolher sua felicidade acima de qualquer coisa, ponto final. Cuidadores são os contribuintes mais importantes em nossa espécie e são recompensados com vidas mais longas. O casamento é uma promessa de cuidado diário.

Jamais deixe sua esposa sentir frio ou fome. É sério... jamais. Analisando agora, a maioria das brigas mais feias que tive com minhas parceiras foram porque acabamos pulando o almoço. Invista em carros com ar-condicionado dual zone e, quando se sentar em um restaurante, antes de mais nada, verifique se não está jantando com o Demônio — uma corrente de ar frio. Tente nunca sair de casa sem barrinhas de cereal e um daqueles cachecóis bem grandes de cashmere que podem ser usados como coberta. De nada.

Expresse carinho e desejo sempre que possível. Carinhos, toques e sexo reforçam a ideia de que seu relacionamento é único. Que essa pessoa é quem você quer ao seu lado quando não restar mais nada. Somos animais, e carinho e sexo são os aspectos onde mais podemos ser nós mesmos. Pessoas que não se sentem desejadas são mais propensas a se sentirem inseguras, e a gostarem menos de si mesmas quando estiverem próximas a você, o que pode causar a metástase dos cânceres dos relacionamentos: indiferença e desprezo.

Por experiência própria, as coisas mais recompensadoras da vida são família e conquistas profissionais. Não ter alguém com quem compartilhar essas coisas é como ver um fantasma — meio que aconteceu, mas não aconteceu de verdade. No entanto, com o parceiro certo, essas coisas são reais, você se sente mais conectado à espécie, e tudo "isso" começa a fazer sentido.

"Aceito" significa "Vou... cuidar de você, protegê-lo, respeitá-lo e desejá-lo".

Mantenha Seus Filhos por Perto

Quando meu filho mais velho tinha dois anos, ele acordava de madrugada, juntava algumas de suas coisas mais valiosas (carrinhos), colocava-as em uma cesta de vime e ia para nosso quarto. Ele ficava na porta e estendia a cesta, um tipo de oferta não verbal, em troca de deixarmos ele deitar conosco. Nós recusávamos e o colocávamos de volta em sua cama. Esse ciclo se repetia a cada 15 minutos pelas próximas 2 horas, até que todos acordássemos. Muitas manhãs o encontramos dormindo em nossa porta, querendo entrar mas com muito medo de ser rejeitado.

Há poucas coisas das quais me arrependo mais na paternidade do que impedir que nosso filho mais velho viesse dormir conosco.

Nossas intenções eram boas. Uma pesquisa ocidental sobre o co-sleeping enfatiza a importância de as crianças desenvolverem adaptação e confiança ao dormirem sozinhas. Além disso, é importante que os pais cultivem o próprio relacionamento e intimidade. Mas esse não é um modelo universal, e a maioria das culturas pendem para o lado de uma abordagem de dormir juntos. (Nota: estou falando sobre pais dormirem com crianças pequenas, já que existem riscos em dormir com bebês.) Basta ler alguns livros sobre a criação de crianças para perceber uma coisa: ninguém tem um algoritmo para a paternidade bem-sucedida.

Aconselho aos novos pais que façam aquilo que lhes parecer melhor e que confiem em seus instintos. Nosso instinto, o que temos feito nos últimos muitos anos, é garantir que todos deitem em suas próprias camas (apesar de nosso cachorro dormir nos pés da cama do mais novo), e ver como as coisas se desenrolam pelo resto da noite. Algumas noites todos acordam em seus próprios quartos; na maioria das noites acabamos com três ou quatro em nossa cama. De vez em quando, saio daquela muvuca e aproveito uma soneca solitária na recém-vazia cama do mais velho.

Nos EUA os pais escondem a quantidade de co-sleeping que acontece. Incutiram em nós a ideia errada de que isso não é natural. São poucas as coisas que me parecem mais naturais. Os japoneses praticam muito o co-sleeping, referindo-se à prática como "o rio": os pais são as margens e a criança no meio é a água.

Ás águas em nossa cama são rios serenos que se agitam inesperadamente, dando chutes no rosto e fazendo perguntas aleatórias ("Pai, está na hora de acordar?" "Não, volte a dormir."). Meu mais novo fica mais confortável dormindo na transversal em cima da minha garganta como se fosse uma gravata borboleta de 16kg. Isso é estranhamente relaxante para mim, e pego no sono. Ou pode ser uma leve asfixia que me deixa inconsciente. Meu mais velho gosta de deixar um pé encostado na mãe ou no pai, o tempo todo. Ele se levanta a cada 90 minutos, simplesmente olha ao redor e volta a dormir.

O maior medo do meu pai, tendo sido criança durante a Depressão, é o de morrer pobre (ele está bem). Meu maior medo é de que minhas tendências egoístas se traduzam em uma falta de investimento em relacionamentos, e eu morra sozinho. Algo em que tenho investido sempre, desde cedo, é em meus garotos. Espero que os pequenos investimentos feitos diversas vezes por semana durante as madrugadas gerem frutos. Menos espaço na cama, alguns roxos e geralmente menos sono são depósitos feitos com um objetivo: que eles se lembrem de que seus pais os escolheram acima de qualquer coisa.

A Álgebra da Felicidade

Nós chegamos a este mundo e saímos dele sozinhos e vulneráveis, desejando o toque das pessoas que sabemos que nos amam para que possamos dormir em paz. Acredito que esses investimentos tornarão instintivo para nossos meninos deitar e nos confortar quando estivermos velhos e vulneráveis... para que possamos dormir em paz.

Eu ♥ Você

Temos um casal de amigos que perdeu um membro da família por ELA (Esclerose Lateral Amiotrófica). Logo depois, eles fizeram um balanço e se perguntaram: "O que poderíamos fazer para aproveitar mais nossa vida?" O marido é um aventureiro e propôs que eles dessem a volta ao mundo com seus três filhos em um catamarã sofisticado. Isso seria incrível se ambos não fossem pessoas incrivelmente competentes a quem outras confiam suas vidas e seu sustento (ela é médica e ele é CEO). Ainda assim, viajar em mar aberto com o apoio de duas pranchas gigantes parece um tanto louco.

Eles fizeram um teste de uma semana no mar, que acompanhei de perto pelo Instagram. As vigílias noturnas, mares agitados, problemas no motor... tudo. Não entendi. Aquilo parecia mais um castigo do que aproveitar a vida ao máximo. Então, em uma imagem, ficou claro. A felicidade do marido era evidente, mesmo em 2D. Estar com sua família, aplicar suas habilidades, força e sagacidade para enfrentar e vencer a natureza o deixavam radiante. Sem filtros. Companheiros que conseguem aplicar toda força daquilo que construíram juntos na felicidade um do outro são provavelmente a raiz de nossa prosperidade como espécie. As coisas mais gratificantes da vida não são objetos ou nosso progresso tecnológico (Cartier ou Boeing), mas, sim, as coisas que nos foram incorporadas ao longo de milhões de anos para expansão da espécie.

Conforme meu primeiro casamento desmoronava, parte do meu castigo foi terapia de casal. Para minha surpresa, eu gostei. Nosso terapeuta era um homem inteligente e atencioso que costumava parecer interessado em meu assunto favorito... eu. Perguntei a meu terapeuta, Boris (nome verdadeiro), sua definição de amor. Ele achava que amor era a disposição em pegar a vida que você construiu para si e dedicá-la a outra pessoa. Se está se perguntando o que aconteceu, digamos que, aos 33 anos, eu não deixava minha esposa mudar a estação do rádio em nosso carro... muito menos reconfigurar minha vida. Tão incrivelmente egoísta.

Com base nisso, eu nunca tinha amado ninguém de verdade até ter filhos. Nós suspendemos instintiva e proativamente nossas vidas e as reformulamos em torno de nossos filhos. Comigo demorou um pouco (leia antes: egoísta). Bebês são terríveis. Mas aos poucos o instinto apareceu, e hoje os finais de semana são feitos de partidas de futebol, festas de aniversário e *Meu Malvado Favorito 3*. Era ótimo tomar café com os amigos, assistir TV e dormir até tarde, mas é reconfortante ter a mesma resposta para a maioria das questões da vida: o que for melhor para as crianças. Pessoas sem filhos desfrutam da mesma alegria ao serem bondosas e atenciosas com os outros.

Montezuma's Revenge

Estou tendo problemas para me conectar com meu filho mais novo — ele tem seis anos. Meu filho mais velho, de nove, me mima, já que amamos jogar e assistir futebol juntos e ele, por algum motivo, me acha incrível. O mais novo, nem tanto. Entretanto, descobri recentemente que ele gosta de montanhas-russas. Fico enjoado em elevadores, mas me disponho a enfrentar o terror e a náusea na Montezuma's

Revenge, uma montanha-russa do parque Knott's Berry Farm. Ele ri incontrolavelmente durante todo o percurso e, no final, pergunta: "Não foi demais?" Eu minto: "Sim, maravilhoso..." Nesses momentos ficamos mais próximos.

Um dia desses estávamos com os meninos em um restaurante familiar onde havia um show de talentos. Eles estavam fazendo um karaokê aberto e, para meu espanto, meu filho mais velho se voluntariou. Ele escolheu a música "Sorry" do Justin Bieber. As palavras passaram muito rápido pela tela e ele paralisou. Eu instintivamente corri para seu lado e comecei a sussurrar a letra em seu ouvido para que ele conseguisse continuar.

Algumas das coisas que mais odeio são Justin Bieber e karaokê. Mas as coisas que você odeia se tornam meras inconveniências na presença das pessoas que ama. Catamarãs, montanhas-russas e karaokê. Jeitos diferentes de dizer a mesma coisa: *minha vida é sua, e eu te amo.*

Dia de São Valentim

O Dia de São Valentim [Dia dos Namorados] se tornou uma celebração do amor romântico, mas, segundo a Wikipédia, ele homenageia dois antigos santos chamados Valentim. Um deles, enquanto preso por realizar o casamento de soldados, restaurou a visão da filha cega do juiz que o havia prendido. Antes de sua execução, ele escreveu uma carta para a menina e assinou "Seu Valentim".

CrossFit

Você já deve ter ouvido a piada: "Como você sabe que uma pessoa faz CrossFit? Ela te conta."

Então, eu faço CrossFit. O exercício físico, para mim, beirando os 40 anos, servia para me tornar mais atraente e me sentir melhor comigo mesmo, já que sofro de síndrome da distorção da imagem. Depois dos 40, eu me exercito para colocar a cabeça no lugar (como antidepressivo) e para me agarrar à vida — me sentir menos velho. Existem diversas pesquisas que mostram que o exercício é o único verdadeiro elixir da juventude. Geralmente sou o cara mais velho presente, cerca de 20 anos, o que deveria ser legal. Mas não é.

Veja, eles me tratam como o Mick Jagger — tão velho que me acham inspirador. Entro no box (como o CrossFit chama suas academias, por algum motivo), e os comentários começam ("É ótimo que você tenha vindo!"). Ah, sim, foda-se.

Geralmente o exercício é uma corrida contra o relógio, e eu ainda estarei enfrentando meus box jumps, burpees e diversas formas de tortura enquanto os outros já estão mexendo em seus celulares e cumprimentando uns aos outros após terminarem. Então acontece algo terrível. Eles percebem que eu (ainda) estou me mexendo como um peixe há muito tempo fora d'água, ofegante e me debatendo de vez em quando. As pessoas se reúnem a meu redor, sem brincadeira, e começam a bater palmas e dizer bobagens como: "Você consegue, Scott!" É horrível.

Enfim, o coach do meu box em NYC é um garoto chamado Sean. Ele tem 23 anos, aparenta ter 15, tem cabelo preto encaracolado, usa shorts neon de basquete e moletom de capuz, e leva a si mesmo, e ao CrossFit, muito a sério. Há um mês cheguei 10 minutos atrasado para a aula, e ele me disse na frente da classe — de pessoas de 20 e poucos anos: "Se chegar atrasado da próxima vez, não vou deixá-lo entrar na aula." (Irônico, dada minha política pessoal de atrasos; leia a página 48.)

Nota: se parece que sou culpado por dizer às pessoas para "fazer o que eu digo, e não o que eu faço", então (novamente) confie em seus instintos.

Recentemente me atrasei 20 minutos para um quadro do programa *Squawk Box* do canal CNBC e... eles trocaram a ordem. Mas Sean não — ele estava farto. Talvez seja algo bom,

Dia de São Valentim

pois reconheço que preciso ser lembrado de que não sou tão importante assim — minha casa é um vulcão de lembretes.

Diga às Pessoas que as Ama

Após dez minutos de aula, nos alongamos no chão, e minha mente começa a se concentrar no terror que me espera no restante da hora. Quarta-feira, Dia de São Valentim, fui à aula das 19h30 e, depois de cinco minutos de alongamento, o Sean supersério ouviu um toque diferente em seu celular. Uma emergência? Ele foi para o canto, próximo de onde eu me alongava (ou seja, deitado de costas e movendo ocasionalmente um membro para o lado). Sean atendeu ao telefone:

"Olá, vovô, estou no trabalho, posso ligar depois?"

Porém, o vovô não desligou. Ele ignorou o pedido e prendeu Sean no telefone. A cada 30 segundos ao longo dos próximos 3 minutos (Eu cronometrei, já que estava entediado — leia acima: alongando), Sean respondia com as mesmas quatro palavras: "Também te amo, vovô." Seis vezes.

Imaginei o que vovô estaria dizendo a Sean. Ele o estava consolando, porque Sean não tinha ninguém com quem passar o Dia de São Valentim? Talvez ele estivesse contando a Sean algo sobre sua avó ou sua mãe, ou talvez estivesse apenas usando a data como desculpa para dizer a Sean, diversas vezes, o quanto ele é maravilhoso. O que ficou claro é que, seis vezes, ele disse a seu neto: "Eu te amo."

Perspectiva

Pessoas idosas ficam muito próximas da morte conforme seus amigos e cônjuges começam a partir, o que muda sua perspectiva. Os comerciantes detestam os idosos por causa dessa perspectiva. Eles começam a gastar seu tempo e dinheiro em coisas como cuidados com a saúde, seus entes queridos e bolsas de estudos para seus netos em vez de tênis vintage, iPhones e cápsulas de café. Em suma, eles ficam receosos e notavelmente menos burros... recusando-se a gastar dinheiro em objetos caros que os jovens esperam que os tornem mais atraentes ou poderosos.

Investimos tanto em nossos filhos. Observamos enquanto nosso goleiro de 9 anos tenta em vão agarrar 11 chutes que atingem a rede atrás dele, ou tenta digerir a comida em um parque aquático. A recompensa? Muitas décadas depois, você pode interromper o filho do seu filho durante o tra-

Dia de São Valentim

balho, ignorar o pedido para que ligue depois e a cada 30 segundos dizer a ele que o ama, ficar em silêncio e ouvir seu neto dizer-lhe que também o ama. E repetir... seis vezes.

Tenho um relacionamento de amor e ódio com o Cross-Fit. Entretanto, decidi que gosto de Sean.

Recuperando o Carinho

Em um artigo no Medium, Mark Greene defende que o carinho foi tirado dos homens — e que isso prejudica a todos. Acredito nele. Quando garotos, somos ensinados que o carinho é um meio de chegar ao sexo ou um sinal de homossexualidade — o que era, onde e quando cresci, algo ruim. Por causa destas associações — motivação sexual indesejada ou homoerotismo —, nosso toque não é confiável, então a maioria dos homens é privada de carinho. Ele desapareceu de nosso arsenal de expressões para sinalizar amizade, afeto ou amor.

> *O toque é verdadeiramente fundamental para a comunicação, conexão e saúde humanas... o toque ativa o córtex orbitofrontal do cérebro, o qual está ligado a sentimentos de recompensa e compaixão... o toque sinaliza segurança e confiança, ele acalma.*
>
> — Dacher Keltner, professor de psicologia, UC Berkeley

Conforme envelheço, tenho feito um esforço consciente em recuperar o carinho, especialmente em relação a meus meninos. Isso nos une, e tenho bastante certeza de que adicionará confiança a suas vidas e anos à minha.

Beijar

Lee, um de meus amigos mais próximos, vem de uma família italiana. Certo dia passei um tempo com ele e seu pai. O que mais me lembro é de quando seu pai chegou. Ele entrou no apartamento e ele e Lee Jr. se beijaram... na boca, como se estivessem apertando as mãos. Eu nunca tinha visto dois homens adultos se beijando. Passaram-se 20 anos e a série *Família Soprano*, meu outro critério acerca da cultura italiana, confirmou que essa é uma prática comum. Lembro-me de, após o choque inicial, achá-la legal.

Beijo muito meus filhos. O ato em si é agradável, mas a real recompensa é o respeito que eles têm pelo momento. Eles podem estar assistindo à TV, brigando, reclamando (eles reclamam pra caramba), mas, quando sinalizo o beijo (me inclino e faço bico), eles param tudo, levantam o queixo e me beijam na boca... depois voltam para o que quer que estejam fazendo. É como se eles soubessem que isso é importante —as outras coisas podem esperar um pouco.

A Álgebra da Felicidade

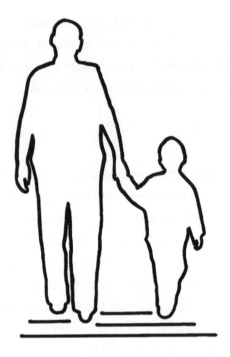

Dê as Mãos

Nunca gostei de dar as mãos até ter filhos. As coisas que fazemos por nossos filhos — os treinos de futebol, a preocupação, as caronas, os filmes ruins, configurar controles remotos, trabalhar para dar a eles uma vida melhor que a sua. Isoladamente, cada uma dessas coisas é normal — tolerável, mas nada que alguém que não tenha filhos faria. Você assistiu a *Emoji: O Filme*? Porém, a soma de cada uma delas forma e confirma o aspecto instintivo. Dá a você o senso de servir a um propósito maior — toda aquela coisa de evolução.

Segurar a mão do seu filho é uma das poucas coisas que integram essa recompensa e a concentram em uma única ação. A mão de toda criança se encaixa perfeitamente na de seus pais. É um daqueles momentos em que você sente que se morresse, seria ruim, mas muito menos trágico do que se não tivesse marcado o universo com propósito e sucesso. Você é pai, e seu filho está segurando sua mão.

Meu filho mais velho segura menos a minha mão, já que ele tem 10 anos e está descobrindo sua independência. Ao menos ele não estoura e grita: "Para!", como a menina de 14 anos que ouvi hoje no campo de futebol, cuja mãe havia cometido o crime contra a humanidade de pegar na mão da filha adolescente. Meu palpite é que depois a filha se sentiu mal.

A Álgebra da Felicidade

Meu mais novo, de sete anos, ainda segura minha mão instintivamente sempre que estamos andando na rua, e é mágico. Ele é um bárbaro em casa, aterroriza todos nós. Mas no mundo selvagem ele fica um pouco intimidado e quer a segurança do toque de alguém que sabe que o protegerá. Primeiro ele procura a mão da mãe. Sou a segunda opção... e tudo bem.

Comecei a perceber a individualidade dos meus pais aos seis ou sete anos. Os pais são como marcas de bens de consumo no sentido de que, quando crianças, nos lembramos de apenas uma ou duas coisas cruciais sobre eles, esquecendo-nos das nuances que apreciamos apenas quando ficamos mais velhos e percebemos que as pessoas são complicadas. Minha mãe era inteligente, sensata e me amava. Meu pai era intenso e quieto conosco como família, mas supercharmoso e expansivo com os estranhos.

Recuperando o Carinho

É difícil adivinhar do que seus filhos se lembrarão sobre você quando ficarem mais velhos. Herdei um pouco da raiva e da intensidade de meu pai, o que torna nosso lar menos leve do que poderia ser. Mas me comprometo a garantir que algumas das associações dos meus filhos a meu respeito sejam "sempre nos beijando, sempre estendendo sua mão".

Se homens parecidos com Burt Reynolds podem beijar outros homens, eu também posso. Estou recuperando o carinho.

Divórcio

Temos lido palavras há centenas de anos, ouvido palavras há milhares e aprendido através de imagens há milhões de anos. Nós, como espécie, somos ótimos com imagens. Somos capazes de interpretar/absorver uma imagem 50 vezes mais rápido do que palavras, já que tivemos muito mais tempo de prática com meios visuais. Da mesma forma que a música é arraigada em nosso ser no final da adolescência, as imagens de nossa primeira infância se fixam em nossa massa cinzenta.

Quando eu tinha sete anos, morávamos em uma casa próxima à praia em Laguna Niguel. Meu pai chegava cedo e íamos pegar umas ondas e ver as focas e toninhas na costa. Quando estava chovendo, de manhã íamos até Newport Beach. Da ponta do píer, olhávamos muitos metros adiante e alertávamos um ao outro quando milhões de litros de água, avançando em direção à costa, transformavam-se em um semicilindro azul acinzentado de dois, talvez três, metros de altura, e esperávamos o píer chacoalhar conforme o mar elevava o cilindro e a onda quebrava na água.

Divórcio

Em uma das quatro noites consecutivas, começando nas luas cheia e nova na primavera, minha mãe me acordava à meia-noite e, munidos de lanternas, íamos até a praia e assistíamos ao que pareciam ser lâminas de metal quente dançando na superfície da água. Eram os grunions correndo.

Nem tudo era como as imagens da abertura do seriado *The O.C.* Lembro-me de ver, na TV, um cara magrelo vestindo máscara de esqui em uma sacada de hotel interrompendo apresentações deslumbrantes de Mark Spitz e Olga Korbut. A única razão de gravar isso na memória é que, toda vez que esse cara aparecia na tela, meus pais ficavam na frente da TV, visivelmente desconfortáveis.

Quando meu pai viajava a trabalho, eu e minha mãe o levávamos até o Aeroporto de Orange County. Mais do que um aeroporto, parecia um restaurante onde as pessoas chegavam, pelos fundos, em aeronaves comerciais. No segundo andar havia um bar com uma varanda que dava a volta no prédio, e podia ser acessado da rua por uma escada. Sem seguranças. Meu pai me levava à varanda e cobria meus ouvidos enquanto os motores das aeronaves gritavam antes que o piloto soltasse o freio. Elas começavam sua transformação de focas encalhadas para águias voadoras a 5.700 pés.

Ele me ensinou a diferença entre um 727 e um DC-9 (trijato versus bijato), e entre o DC-10 e o L-1011 (no primeiro, o terceiro jato faz parte da fuselagem e, no segundo, o jato fica

145

no meio da caudal). Os fundos do restaurante eram dominados por duas companhias aéreas: Air California e Pacific Southwest Airlines. Os aviões da Pacific tinham uma boca pintada no nariz da aeronave, que sorria para nós através das enormes janelas.

Meus pais estavam vivendo o Sonho Americano. Dois imigrantes que estudaram até a oitava série, eles investiram seu trabalho árduo e talento na maior força do bem da história: a economia dos EUA. Nós vivíamos perto da praia. Mas eles (principalmente meu pai) pisaram na bola, e logo estávamos morando em duas casas, nenhuma perto da praia. Após o divórcio, em sextas alternadas, meu pai me buscava depois do trabalho com seu Gran Torino, no apartamento de 74m² da minha mãe em Encino. Eu tinha que esperar do lado de fora, às vezes por uma hora, longe do nosso apartamento, pois minha mãe não queria correr o risco de ver meu pai, nem mesmo seu carro — ela o odiava. Fiquei craque em identificar carros à distância pelo formato e luminosidade de seus faróis. Os AMC Pacers eram os mais fáceis.

Sempre que ouço um barulho vindo do céu, ainda olho para cima e, na maioria das vezes, consigo identificar o avião e a companhia aérea. Recentemente, em um final de semana em South Beach, meus amigos fingiram se impressionar com minha capacidade de distinguir entre o Airbus A380 double-decker que ia para Munique (Lufthansa) e o que ia para Paris (Air France). Mirar o céu e catalogar o tráfego aéreo é um instinto meu — olhar para cima, identificar um objeto e pensar em quando éramos uma família e vivíamos perto da praia.

Conecte-se com as Pessoas

A teoria de troca de carinho, apresentada pelo Professor Kory Floyd, supõe que o carinho fortalece os laços, proporciona acesso a recursos e exprime seu potencial como pai, aumentando seu conjunto de potenciais parceiros. Creio que seja ainda mais profundo. Conheço muitas pessoas que, apesar de sua boa sorte, estão perdidas. Poucos relacionamentos significativos, uma incapacidade de encontrar gratificação em suas vidas profissionais, são muito duras consigo mesmas etc. É como se não tivessem fundamentos, jamais conscientes de seu valor... se sentem perdidas.

Ao analisar meu próprio sucesso, percebo que ele se resume principalmente em duas coisas: ter nascido nos EUA e ter alguém irracionalmente obcecado pelo meu bem-estar — minha mãe. Apesar de ela ter crescido em um lar onde havia pouco carinho, minha mãe não se controlava em relação a seu filho. Para mim, carinho era a diferença entre *esperar* que alguém me achasse incrível e valioso — e saber que alguém achava isso.

Toda quarta-feira à noite, após meu encontro dos Escoteiros, eu e minha mãe íamos jantar no Junior's Deli na Sepulveda Boulevard em Culver City. Eu comia sanduíche de carne e ela de salmão defumado, ovos e cebola. Conversávamos sobre nossa semana — não nos víamos muito entre os finais de semana — e éramos interrompidos apenas por diferentes garçonetes, que comentavam o quanto eu havia crescido.

Ao sair, parávamos na padaria e comprávamos 100g de halva. Enquanto esperávamos o manobrista do estacionamento trazer nosso Opel Manta verde-limão, minha mãe pegava minha mão e, de forma exagerada, a balançava para frente e para trás. Ela me olhava e eu retornava o olhar virando os olhos; nesse momento, ela começava a rir descontroladamente de felicidade. Ela me amava tanto...

Ter uma boa pessoa expressando centenas de vezes o quão maravilhoso você é muda tudo. Faculdade, sucesso profissional, um cônjuge incrível — essas eram aspirações, não dádivas para um garoto notavelmente banal de um lar de classe média "alta" baixa. Minha mãe tinha 43 anos, era solteira e ganhava US$15 mil por ano como secretária. Ela também era uma boa pessoa que me fazia sentir conexão e, enquanto esperávamos nosso Opel, passava-me a confiança de que eu tinha valor, de que era capaz e merecedor de todas essas coisas. De mãos dadas e rindo, eu estava conectado.

O que Forma um Lar

Em uma sociedade capitalista, pautamos a vida por nossas compras. A primeira grande compra é um anel de noivado no qual a De Beers convenceu os jovens a gastarem demais, já que é uma "reserva de valor" e geralmente traz uma estranha noção de que estamos rotulando nossa propriedade com um item que reflete nosso nível de masculinidade... o quanto somos economicamente bem-sucedidos. A segunda grande compra: a casa. A National Association of Realtors promoveu engenhosamente a noção de que o Sonho Americano é o imóvel próprio. Pergunte a alguém que comprou uma casa em 2007 se seus "sonhos" se tornaram realidade.

Robert Shiller, economista da Yale e ganhador do Prêmio Nobel, defende que, quando se considera a manutenção, uma casa não é um investimento melhor do que qualquer outra classe de ativos. Ainda assim vemos a compra de nossa primeira casa como um sinal de nosso progresso e trajetória como adultos, e é um modo forçado de economizar. O governo aderiu à ideia (leia anteriormente: National Association of Realtors), e os juros de hipoteca são dedutíveis do imposto de renda. A dedução do imposto sobre hipotecas é uma das maiores isenções fiscais dos EUA. Outra é diminuir a tributação sobre ganhos de capital em oposição a receitas ordinárias. Ambos se posicionam como "norte-americanos": propriedade e investimentos. Porém, são simplesmente transferências de riqueza dos pobres para os ricos. Quem possui imóveis e ações? Idosos ricos. Quem aluga casas e não possui ativos que se qualificam para o benefício aos ganhos de capital? Os jovens e os pobres.

Uma melhor representação da sua vida não é sua primeira casa, mas a última. Onde você dá seu último suspiro é mais significativo, pois é o reflexo do seu sucesso e, mais importante, do número de pessoas que se importam com seu bem-estar. Próximo ao fim, não se acrescenta muito valor, e as pessoas que cuidam de você ou são excepcionalmente generosas ou estão retribuindo seu amor e apoio.

A última casa da minha mãe foi em uma comunidade para idosos em Las Vegas. Quando ela se mudou, disse-lhe que jogasse fora seus móveis velhos, e decoramos o lugar com móveis da Pottery Barn — eu havia assessorado a Williams-Sonoma em sua estratégia na internet nos anos 1990 e seu CMO, Pat Connolly, me deu um desconto. Não foi o fato de ter poltronas e almofadas de chenille que alegrou minha mãe, mas o fato de seu filho tê-las comprado para ela.

Quando minha mãe ficou muito doente e passou por diversas cirurgias, o hospital a colocou na unidade de cuidados prolongados. Quando entrei no local, fedia a urina e havia pessoas dormindo em cadeiras de roda no hall. Entrei no quarto da minha mãe, que ela dividia com outra mulher. Sua colega estava acamada e tinha uma TV presa em uma haste de metal a 15cm de seu rosto. A TV ficava piscando. Ela me olhou e perguntou se o som estava alto. Minha mãe estava sentada na beira da cama me esperando. Ela me olhou e disse: "Não quero ficar aqui." Toda porcaria de relevância falsa, pseudofama na internet, dinheiro e vida boa... e minha mãe de 40 quilos estava presa em um lugar que fedia a urina.

Eu havia fracassado.

A Álgebra da Felicidade

Ajudei minha mãe a fazer suas malas e disse às enfermeiras que queria levá-la para casa. Elas disseram que era "contra as ordens médicas" e que chamariam a segurança se fosse necessário. Eu saí e disse ao motorista que havia me levado até lá que traria minha mãe em uma cadeira de rodas, e que precisávamos colocá-la no carro e partir rapidamente. Entrei novamente na unidade, peguei uma cadeira de rodas, sentei minha mãe nela, coloquei sua mala em seu colo e fui embora. Conforme passamos pelo balcão das enfermeiras, elas nos observaram calmamente, e um segurança grande ficou entre minha mãe, eu e a porta de saída. Ele não disse nada, apenas ficou ali parado.

É aqui que a história seria melhor se eu tivesse dito a ele para sair da minha frente ou, com a voz do Morgan Freeman, anunciasse: "Estou levando minha mãe para casa." Mas não foi isso que aconteceu. Eu travei e fiquei parado, com a mão na cadeira da minha mãe, ela com a camisola do hospital segurando a mala com suas coisas. Todos nós ficamos ali por cerca de dez segundos, mas que pareceram dez minutos. Acho que ele ficou com pena de nós. Ele desviou o olhar para o chão e saiu do caminho, e nós fomos embora. Minha mãe faleceu sete semanas depois, em casa.

O que Forma um Lar

Meu pai e sua esposa se mudaram recentemente para o que provavelmente será sua última casa, já que ambos têm 88 anos. Minha irmã, a filha da esposa do meu pai, e eu nos unimos para facilitar a mudança e garantir que fosse um lugar agradável. Meu pai disse que será a primeira vez em que ele poderá realmente relaxar, já que não precisará cuidar do jardim ou da casa. É um ótimo lugar em uma cidade universitária, com noites de cinema, profissionais médicos à disposição e uma piscina onde ele pode nadar, e estamos providenciando um treinador para que ele possa manter sua rotina de treinos permanente.

Sua primeira casa representa o significativo — seu futuro e possibilidades. Sua última casa representa o profundo — as pessoas que amam você.

Como Lidar com o Fim de uma Vida

No dia seguinte ao que palestrei em uma conferência organizada por uma gigante da internet, recebi quatro mensagens no LinkedIn: três de pessoas elogiando a palestra e esperando conectar-se, e uma que me abalou. Uma desconhecida de 26 anos estava pedindo conselhos. A seguir, segue a mensagem (mudei seu nome e alguns detalhes para manter o anonimato).

Assunto: Solicitação de Conselho de Vida

Olá, Professor Galloway,

Estou entrando em contato, pois confio em sua opinião e adoraria seu conselho.

Como Lidar com o Fim de uma Vida

Tenho 26 anos e estou construindo uma carreira em marketing digital em uma empresa de bens de consumo em X. Tem sido uma ótima oportunidade trabalhar com uma equipe dedicada em muitos conjuntos de dados para resolver problemas criativos raros e informar ao desenvolvimento de produtos.

Em janeiro, meu pai foi diagnosticado com câncer no pâncreas em estágio avançado, e tomei a decisão de voltar para casa a fim de estar com ele e minha mãe. Penso em continuar trabalhando... mas tenho uma sensação incômoda de que não vale a pena, e que o dinheiro extra não tem tanto valor quanto dias inteiros com minha família durante esse período. Ainda assim receio que parar meu aprendizado agora possa prejudicar minha carreira em longo prazo.

Gostaria que meu pai fosse capaz de me ajudar a responder a essa pergunta com a cabeça fria e de uma posição imparcial. Apreciaria sua opinião a respeito como a segunda melhor opção!

Cara X,

Sinto muito por seu pai. Primeiro, alguns esclarecimentos. Não tenho referências reais ou dados empíricos suficientes sobre confortar pais doentes. Essas decisões são muito pessoais. O que posso lhe dizer é o que fiz quando minha mãe ficou doente e o que aprendi. É importante salientar, no entanto, que eu estava em um estágio diferente em minha carreira. Eu tinha 39 anos e havia estabelecido certa reputação profissional e segurança financeira, o que aos 26, provavelmente, você não tem. Não existe um manual de instruções para esse tipo de coisa. Boa parte se resume a seu relacionamento com seus pais, à logística e aos recursos. Sendo assim:

Minha mãe foi diagnosticada com câncer metastático no estômago e com prognóstico de três meses de vida. Ela me pediu para ajudá-la a morrer em casa, e eu concordei. Fui morar com ela, em uma comunidade para idosos em Summerlin, Nevada, para que pudéssemos passar o tempo juntos e tornar sua partida mais digna. Ela faleceu sete meses depois, em casa. Onde você morre, e quem está com você no final, são fortes sinais de seu sucesso ou fracasso na vida.

Aprendizado: acredito que não importa o quanto sua casa seja confortável; se ao partir você estiver cercado de estranhos sob uma luz clara, será uma decepção. Reconheço que esta não seja uma opção para muitos, mas se você morrer em casa, rodeado de pessoas que o amam, você alcançou o sucesso. É um sinal de que cultivou relacionamentos significantes e que foi generosa com as pessoas. Minha mãe não tinha estudo, era divorciada e trabalhava como secretária. Ela deu seu último suspiro em casa, confortável e cercada de pessoas que a amavam imensamente. Se você e sua família puderem garantir que seu pai morra em casa, estarão fazendo algo amoroso e gentil para ele.

Aprendizado: cuide dos cuidadores. Cada uma das quatro irmãs da minha mãe e sua melhor amiga passaram de três a quatro semanas morando conosco e ajudando a cuidar dela. Isso foi crucial, já que havia coisas com as quais eu não podia ajudar. Fui capaz de agregar valor ao ajudar a tornar a estadia delas mais agradável. Uma das minhas tias adorava conversar — eu não gosto. Ganho a vida falando, mas quando estou em casa quero ouvir a voz dos meus filhos e da minha esposa, e não falo muito. Entretanto, ficava acordado até tarde com ela conversando por horas, sobre nada.

Outra tia gostava de beber e jogar. Eu a levava para um cassino ruim em Summerlin, dava-lhe US$100 e me sentava com ela em uma mesa de roleta de US$0,25 enquanto ela bebia White Russians. Ela ficava bêbada e começava a flertar com qualquer rapaz que tivesse o azar de sentar em nossa mesa para jogar.

A Álgebra da Felicidade

Uma vez ela tirou o chapéu de caubói de um cara, colocou-o sobre sua virilha e gritou: "O caubói é um caso perdido!" Nem sei o que ela pretendia com isso. Muitas vezes quis me dar um tiro na cara. Mas minha tia jogadora de roleta e bebedora de White Russians dava banho na minha mãe todos os dias de manhã, e eu a amava por isso.

Karsen, a melhor amiga da minha mãe, era alcoólatra. Ela também era viciada em analgésicos — 3 anos depois que minha mãe faleceu, ela foi uma das 40 mil pessoas que morrem todos os anos por causa de opioides. Eu levava para ela uísque escocês Johnnie Walker Blue Label (ela costumava beber o Red), então fazíamos Hot Pockets e comíamos bebendo uísque, quase todas as noites. Karsen só queria alguém com quem beber depois que minha mãe dormia. Leve sua mãe ao cinema, saia para almoçar e caminhem juntas. Por ser a principal cuidadora do seu pai, ela tem um caminho difícil pela frente.

Aprendizado: limites. Os últimos dias do seu pai na Terra são importantes, e os seus também. Você precisa ter sua própria vida. Quando minha mãe estava doente, eu saía toda quinta-feira e ia para Nova York ou Miami para manter minhas amizades e meu trabalho um pouco vivos. Suas conquistas mostram que seus pais conseguiram estabelecer um ambiente positivo para criá-la. Para tanto,

Como Lidar com o Fim de uma Vida

a segurança financeira é essencial, o que na sua idade exige ímpeto profissional para alcançar. Imagino que seu pai gostaria que você adaptasse sua vida, mas não que a transformasse ou suspendesse sua carreira. Você provavelmente terá seus próprios filhos, e os netos dos seus pais também precisarão de uma mãe que possa sustentá-los, e que se sinta profissionalmente relevante. Só você é capaz de decidir como será esse equilíbrio.

As pessoas geralmente superam seus prognósticos. Deram 3 meses de vida à minha mãe, mas ela viveu 7. Infelizmente, em um domingo, eu retornei e ela havia morrido 30 minutos antes. Gostaria de ter estado lá, mas não mudaria minha abordagem. Se eu não tivesse um resquício de vida, teria sido menos agradável conviver comigo (e já não sou tão agradável). Isso teria piorado muito o clima. Em um desses finais de semana fora conheci alguém com quem, dois anos depois, eu teria um filho, e depois outro. Se eu não tivesse cuidado da minha própria vida, necessidades e felicidade, minha mãe provavelmente não teria netos. Ela ficaria feliz em saber que tenho um filho muito parecido com ela, e cujo nome do meio é Sylvia.

Aprendizado: entretenimento compartilhado. Eu e minha mãe amamos TV, e assistíamos pra caramba juntos. Era maravilhoso. *Frasier*, *Jeopardy!*, *Everybody Loves Raymond*, *Friends*. Qual entretenimento seu pai gosta? Se forem livros, leia para ele; se for música, ouçam juntos. Assista a seus filmes favoritos.

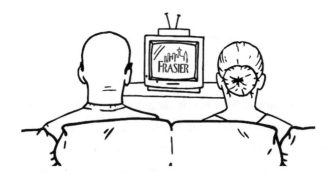

Aprendizado: reviva a vida dele. Foi gratificante para nós ver fotos antigas e pedir à minha mãe que contasse histórias sobre sua infância e juventude, além de lhe dar a chance de viver sua vida novamente. Possibilite isso o máximo possível.

Aprendizado: nada de não dito. É impossível dizer suficientemente "eu amo você" ou o quanto você admira seu pai. Impossível. Eu costumava me sentar ao lado da minha mãe no sofá, segurar sua mão e dizer chorando o quanto estava triste por ela estar doente.

Aprendizado: as pessoas irão surpreendê-la e decepcioná-la. Minha mãe tinha muitas amigas próximas que nunca a visitaram e nem sequer ligavam para ela. Era como se elas estivessem com medo de pegar câncer. Não acho que eram pessoas más — elas apenas lidaram com aquilo de forma diferente. Em contrapartida, seu último chefe, um homem bem-sucedido, 20 anos mais novo do que ela, que tinha sua própria família, pegava um avião a cada 4 semanas, se sentava ao lado da cama da minha mãe (onde ela vomitava a cada 15 minutos em um recipiente plástico), e conversava com ela por 1 hora antes de voltar para o aeroporto. Seu nome é Bob Perkowitz e ele não é apenas bem-sucedido, é gentil.

Aprendizado: é a doença falando. Durante o processo, minha mãe encarou tudo muito bem. Porém, perto do fim, é comum que as pessoas sejam irracionais, até mesmo más. É a doença falando. Ignore o máximo que puder.

O que Sei

Como pai de dois, consigo me identificar com seu pai. Penso muito sobre o fim para que possa tomar decisões melhores hoje. No final, acredito que um pai queira duas coisas:

1. Saber que sua família o ama imensamente.
2. Reconhecer que seu amor e criação deram a seus filhos as habilidades e confiança para agregar valor e viver vidas gratificantes.

Seu e-mail e perfil do LinkedIn comprovam que seu pai conseguiu as duas coisas. Deve ser incrivelmente reconfortante para ele ter uma filha tão incrível.

Saudações calorosas,
Scott

Ame um Filho que Não Seja Seu

Metade dos casamentos termina em divórcio. Onde cresci, na Califórnia, são 60%. Cresci cercado de madrastas e padrastos. Após se divorciar, a mãe do meu melhor amigo, Adam, foi morar com um estudante de Direito bonito e quieto chamado Paul, que basicamente só falava quando era hora de eu ir embora. Ele foi um dos primeiros homens que me lembro de achar legal. Ele tinha óculos de sol incríveis e dirigia os carros mais descolados dos anos 1980, 1990 e começo dos anos 2000, conforme sua carreira progredia — um Datsun 260Z, um Porsche 911 e uma Ferrari (não me lembro do modelo). Ele era um exemplo masculino estável e presente para Adam e sua irmã que, como eu, viam seu pai biológico apenas em finais de semana alternados.

Jimmy, um amigo da Flórida, é um padrasto que trocou uma vida como piloto que transportava ricos pelo Caribe e festejava com eles por uma família pronta: esposa e duas filhas em idade escolar. Ele se gaba de seu esforço bem-sucedido em se conectar com a filha mais velha ao conseguir fazê-la gostar da série *Wicked Tuna* e fala das meninas como se fossem dele... e são.

Após o divórcio dos meus pais, tive minha própria madrasta, Linda ("N° 3"). Papai havia se casado quatro vezes — minha mãe (N° 2) se referia a Linda como "aquela vaca", já que houve uma certa sobreposição entre N° 2 e N° 3 (leia anteriormente: anos 1970 na Califórnia). Acho que minha mãe e Linda nunca estiveram no mesmo lugar na mesma hora, jamais.

Minha mãe também se recusava a estar no mesmo lugar que meu pai até minha formatura na faculdade de Administração, 20 anos após seu divórcio. A narrativa foi formada de modo que eu não gostasse, até odiasse, minha madrasta. Porém, havia um problema: Linda é uma boa pessoa que foi ótima para mim. Aos 20 anos, Linda soube que não poderia ter filhos, então, quando um garoto bem-educado de 8 anos, sem os dois dentes da frente, apareceu vestindo calças de veludo e uma camiseta da Ocean Pacific, ela se apaixonou.

Linda foi a primeira pessoa a me mimar. Ela cozinhava para mim, um conceito estranho na minha casa, já que minha mãe trabalhava e era britânica (não a do tipo que se dava bem na cozinha). Linda fazia deliciosos doces buckeye de pasta de amendoim cobertos com chocolate amargo. Quando as agendas não permitiam que eu visse meu pai e Linda por um mês, ela fazia buckeyes, embalava-os individualmente em alumínio e me enviava pelo correio.

Uma sexta-feira ela disse que me levaria à Toys"R"Us, onde eu poderia comprar o que quisesse. Passando pelos corredores, ela percebeu que eu estava de olho em aviões de controle remoto. Ela me parou e perguntou qual eu queria. Fiquei com vergonha de dizer, já que gastar dinheiro era crime na minha casa, e os aviões custavam US$30. Sem problema. Se eu quisesse um avião modelo P-51, ela compraria para mim — e, então, meu pai e eu fomos ao estacionamento e passamos muitas horas sem conseguir tirá-lo do chão.

Pouco tempo depois, ela descobriu que seus médicos erraram. Ela estava grávida. Quando fui ao hospital conhecer minha meia-irmã, Linda me deu um presente — pijamas com desenho de um Basset Hound no qual se lia, embaixo, "eu sou especial". Uma forte pressão sobre sua bexiga, prestes a empurrar minha irmã pelo canal de parto, e Linda encontrou tempo para me comprar pijamas que garantissem que eu soubesse que ela ainda me amava. Algumas pessoas simplesmente... nascem maravilhosas.

A Álgebra da Felicidade

A maioria dos mamíferos dá a vida para defender sua prole. O que nos torna humanos não são apenas os polegares oponíveis, mas também nossa capacidade de cooperar. Cooperar nas coisas que são exclusivamente humanas, como fala, cultura e infâncias duradouras. Uma das formas mais nobres de cooperação que desenvolvem a espécie é o cuidado com aqueles que não são biologicamente seus. Muitas vezes não aprecio meus filhos, e na maior parte do tempo não aprecio os filhos dos outros. É um milagre que as pessoas concordem em amar crianças que não tenham o cheiro, a aparência ou o toque parecido com o deles. Mortes, doenças e divórcios deixam muitas crianças em lares de pais solteiros, onde suas chances são ainda piores.

O caminho mais rápido para um mundo melhor não é o crescimento econômico ou uma porcaria de celular novo, mas que mais de nós nos apaixonemos irracionalmente pelo bem-estar de um filho que não seja nosso. Os Pauls, Jimmys, e Lindas — se fazendo presentes, cozinhando, assistindo programas de TV horríveis e comprando aviões que não voam — nos tornam mais humanos. Minha mãe se foi, mas no Dia de Ação de Graças minha família receberá Linda — minha madrasta não tão má assim.

Reconheça o Quão Privilegiado Você É

Tenho pensado muito sobre a AIDS recentemente. Espero que nunca vejamos uma epidemia tão devastadora de novo. Em 2017, 1 milhão de pessoas morreram de causas relacionadas à AIDS, e 36 milhões sucumbiram à doença desde o início da epidemia. Em suma, o vírus HIV já matou o equivalente à população do Canadá.

Da mesma forma que terceirizamos a guerra para os jovens que se sentem em dívida com nosso país — diferentemente do grupo cada vez maior que acha que o país deve algo a eles —, nós terceirizamos e compartimentalizamos boa parte do sofrimento e da luta contra a AIDS. Era uma "doença de gay", e considerávamos o grupo de vítimas como irresponsáveis. Como nação, acredito que nossa resposta inicial à crise será um estigma na história norte-americana.

Em 1985, lembro-me de estar sentado à mesa da sala de jantar da minha fraternidade e ler um artigo do *L.A. Times* sobre o progresso dos cientistas na descoberta de uma vacina contra o HIV. Significava que aquela coisa abstrata chamada AIDS, com a qual nenhum de nós havia tido contato, acabara. Só que não foi assim, e todos nós conhecíamos muitas pessoas que contrairiam HIV e acabariam morrendo de doenças relacionadas à AIDS.

Era o vírus perfeito: espalhava-se através de contato sexual; algo em que todos nós, homens de 18 anos, pensávamos e o qual planejávamos o tempo todo. Éramos, teoricamente, os agentes e combatentes do vírus. Nos consolávamos com a crença de que a AIDS era uma doença que apenas homens gays tinham. E nenhum de nós conhecia ninguém que fosse gay.

Mas conhecíamos. Muitos de nós eram gays. Só que a maioria, se não todos, dos heterossexuais em nosso círculo nem imaginavam. Qualquer um de quem você gostasse e parecesse "normal" não podia ser gay, já que isso era uma perversão esquisita. Definitivamente, não alguém que conhecíamos. Você não podia ser abertamente gay na UCLA nos anos 1980. Independentemente do quanto fosse corajoso ou estivesse confortável consigo mesmo. Ser gay não era natural. Nós éramos os jovens homens e mulheres da UCLA, uma referência do que era natural e íntegro, e não havia tolerância em bagunçá-la.

Porém, aos poucos, a era da tolerância aos gays foi se instalando. Não aceito, mas tolerado. Diversos amigos assumiram, depois da formatura, que eram gays. A AIDS assombrava a todos eles, sempre à espreita, aguardando, atacando. A AIDS assombrava a todos, já que alguns anos antes os bancos de sangue haviam sido contaminados, e havia evidência de que não era só uma "doença de gay". Cerca de metade dos 15 mil hemofílicos do país foram contaminados. Heterossexuais também podiam contrair HIV. Sexo desprotegido significava muitos dias de ansiedade levando a 100% de certeza de que se tinha o vírus.

Fui apresentado à ideia de pensamento rápido e devagar de Daniel Kahneman. Nosso pensamento rápido e abreviado tem utilidade, mas apresenta falta de detalhes. O pensamento devagar é onde crescemos e aprendemos; ele adverte o rápido... eu acho. A faculdade era para pensamento rápido. Homossexuais eram "bichas", e "gay" era um xingamento para descrever algo fraco e anormal. A década após a faculdade foi para pensamento devagar, já que descobrimos que as pessoas que amávamos eram gays. Elas tinham esperanças e problemas parecidos com os nossos, só que eram perseguidos por uma praga, e seus amigos estavam morrendo.

Depois que vendi minha primeira empresa de e-commerce, Aardvark, minha então esposa e eu nos mudamos de um apartamento de dois quartos em Potrero Hill para uma casa de cinco quartos em Noe Valley. Essa casa fica perto da residência atual de Mark Zuckerberg. Eu me odeio por tê-la vendido, já que (1) provavelmente vale US$10 milhões ou mais e (2) eu teria enorme alegria em me sentar na varanda vestindo um agasalho da Fila e gritar para Zuck: "Como é ser marionete do Putin?" Mas voltemos ao assunto. Íamos a Castro comprar móveis para preencher os 5 quartos e víamos fantasmas por todos os lados. Homens na casa dos 30 e 40 anos surpreendentemente magros e com feridas consumindo seus corpos. Homens de 35 anos que pareciam ter 18, despencando em direção à morte. Fantasmas, em todo lugar.

Gostamos de pensar que o tempo que antecede a morte é um período em que você pode refletir sobre uma longa vida de bênçãos. É um momento de recordar o amor que investiu e recebeu. Esses jovens estavam partindo cedo por causa de um vírus que devorava seus corpos. Seu contexto: uma sociedade que havia decidido que eles não eram vítimas de verdade. Pouco tempo antes, tivemos um presidente, Reagan, que jamais disse a palavra "AIDS" em seus oito anos na Casa Branca.

Alguns de nossos amigos da UCLA que contraíram HIV:

- **Bill Aarons: um Lambda Chi.** Um rapaz quieto e bonito que, descobrimos depois, era hemofílico.
- **Ron Baham: nosso irmão de fraternidade na UCLA.** Um rapaz negro bem arrumado com voz de estrela de cinema.

Reconheça o Quão Privilegiado Você É

- **Pat Williams: meu colega de quarto de Visalia no primeiro ano na UCLA.** Pat cresceu em uma fazenda e veio para a UCLA estudar teatro. Ele mascava tabaco o tempo todo. Ele sempre pegava/furtava minhas roupas, o que não tinha problema, já que sempre pegávamos/furtávamos as roupas de nosso outro colega de quarto, Gary.
- **Tom Bailey: companheiro do meu melhor amigo Jim.** Um cara bonito de Atlanta que era diretor de criação de uma agência de publicidade, e por quem Jim se apaixonou.

Bill Aarons foi o primeiro a morrer. Ele contraiu o vírus a partir de fatores de coagulação produzidos com sangue doado — o tratamento que o libertou da tirania de uma doença sanguínea.

Ron se tornou agente de talentos na CAA e progrediu até se tornar diretor de televisão na Disney aos 30 anos. Vi Ron no casamento de um amigo 10 anos depois de nossa formatura, e ficou nítido que seu HIV havia chegado a seu estágio mais avançado, a AIDS. Alguns meses depois, Ron ligou para diversas pessoas com quem achou que precisava fazer as pazes, misturou o conteúdo de 24 cápsulas de Valium em um copo de vodca e bebeu. Ron morreu aos 33 anos.

Pat lutou contra sua sexualidade e participou de acampamentos de reeducação oferecidos por grupos religiosos que achavam que a homossexualidade era adquirida e podia ser desaprendida. Pat, alguém com quem todos deveríamos ter mantido amizade, já que estivemos juntos na faculdade, simplesmente sumiu. Um membro do nosso grupo, um dentista bem-sucedido, fez uma obturação para Pat, que estava em péssimo estado. Pat alegou estar sofrendo de um péssimo caso de doença de Lyme. Sofrendo, mas ainda assim não confiava ou queria nossa amizade e amor, já que ele havia visto o pensamento rápido na UCLA. Ouvi dizer que Pat morreu há cerca de uma década, mas ninguém sabe ao certo quando e onde. Fico constrangido e envergonhado de não ter tido a decência de tê-lo procurado e dito o quanto o achava incrível (extremamente criativo e com energia infinita), e que pensava nele. Sinto muito, Pat.

Tom Bailey foi beneficiado pelo caloroso avanço da ciência e está em tratamento antirretroviral há 20 anos. Além de ter uma carreira bem-sucedida na publicidade, Tom abriu uma academia de spinning, onde era instrutor. Ele é padrinho do meu filho mais velho. É um péssimo padrinho, mas está saudável e se casou com meu melhor amigo. E isso basta.

Encontre Seu Próprio Paraíso

Semana passada, meu filho de sete anos perguntou: "O que é o Paraíso?" Eu não estava preparado para compartilhar minha perspectiva ateísta com uma criança dessa idade, então perguntei o que ele achava que era o Paraíso. Ele respondeu: "Aonde você vai ao morrer para ficar com sua família." Tenho certeza de que Deus não existe e acredito que a ideia de um ser superior é irracional. Conforme amadureci, reconheci também que minha explicação para o universo — de que não havia nada e depois explodiu — não é menos irracional.

Quando era mais jovem, eu estava sempre pegando, procurando. Mais dinheiro, mais elogios, mais relevância, experiências maiores e mais legais. Mas, assim como os vampiros de um romance de Anne Rice que transam mas nunca atingem o clímax, nunca era suficiente. Até ter filhos minha vida era: "Mais... quero muito mais." O único momento em que me sinto saciado é com minha família.

A Álgebra da Felicidade

Meu filho mais novo teve dificuldades para dormir recentemente, então medito com ele e fazemos uma série de alongamentos e exercícios para limpar nossas mentes. Percebendo uma estratégia de atrasar o processo de uma hora para ir dormir, ele me pede, sempre que estou em casa à noite, para "limpar sua mente". Seguimos os passos, e termino passando meu indicador por sua testa, nariz e lábios, desço pelo queixo e termino em seu pomo de Adão. Ele cai no sono, acorda, me encontra a seu lado, vira colocando a perna e o braço em cima de mim, e volta a dormir. Nesse momento, tudo faz sentido: estou com minha família, cuidando deles, forte, eterno, imortal. Meu filho, apreciando meu valor em coisas que não têm nada a ver com nosso mundo moderno e material, me escolhe. Estou em família, sou amado e estou em paz. Estou no Paraíso.

Não acho que vamos para um além, mas acredito que podemos chegar ao Paraíso enquanto ainda estamos aqui na Terra. Quando estiver perto do fim, quero que meus filhos e minha esposa deitem-se ao meu lado, limpem minha mente, passem seus indicadores pela minha testa e enrolem seus braços e pernas em mim. Isso é suficiente para mim... não preciso de mais nada. Chegarei ao Paraíso, só que um pouco antes.

Ame Aquele(s) que Está(ão) com Você

Fui ao meu primeiro *homecoming* recentemente. Berkeley, onde recebi meu MBA, é um campus espetacular que forma mais alunos de baixa renda por ano do que todas as universidades da Ivy League juntas. Eles me convidaram para palestrar e se propuseram a levar meus filhos e eu ao campo antes do início do jogo contra os Wildcats da Universidade do Arizona.

O *homecoming* se originou na Universidade do Missouri, cujos administradores acharam que seria uma boa ideia trazer antigos alunos de volta ao campus. Depois que o time de futebol americano retorna de sua viagem mais longa, costuma haver um jogo de *homecoming*, o qual acontece propositalmente contra um oponente inferior para que os alunos se orgulhem de sua alma mater por meio da atividade mais norte-americana de todas... acabar com os oponentes.

Experimento sensações confusas ao visitar São Francisco e a Berkeley. Eu não tinha apenas uma vida diferente, mas também uma esposa diferente... e me sinto estranho, inclusive um pouco culpado, acerca dessa época da minha vida. Além disso, os sem-teto com doenças mentais severas que se espalham pelas calçadas, na frente dos prédios onde jovens de 20 e 30 e poucos anos buscam agregar valor para os acionistas de um pequeno país europeu enquanto "tornam o mundo melhor" com softwares SaaS e carros sem motorista, representam uma distopia, a meu ver. Não tenho clareza moral aqui, já que era, e ainda sou, um deles. #hipócrita

Meu amigo George me incentivou a ir. Ele ressaltou a importância de "tirar um tempo para lembrar e visitar as pessoas e os lugares pelo caminho", o que eu achei poético. Essa emoção superou temporariamente minha visão cínica, desenvolvida no ensino médio, de que as pessoas que vão ao *homecoming* já atingiram seu auge, e não fizeram mais nada depois.

Voltando para Casa

O que mais me impulsionou na vida, entretanto, foi voltar para casa. Como uma Imperial TIE Fighter atirando das entranhas da Estrela da Morte, com o raio trator desligado, saio para viagens de negócios com senso de determinação e confiança. Estou... Em. Uma. Missão.

Ame Aquele(s) que Está(ão) com Você

Os últimos sete dias têm sido uma turnê de livro com paradas em Boston, Seattle, São Francisco, Los Angeles, Bentonville e Dallas. Mas, na última metade de toda viagem de negócios, o raio trator liga. Posso estar em uma galáxia muito, muito distante, ainda com tanto a fazer que mal penso a respeito. Mas, conforme chego perto, a atração do raio fica cada vez mais forte, e sinto como se estivesse flutuando para casa.

Creio que essa atração jamais será mais forte do que é atualmente. Ter filhos novos o bastante para parecerem perfeitos, mas não velhos o bastante para reconhecerem suas imperfeições, cria uma inocência e alegria que imagino que jamais sentirei novamente até ter netos. Ter sido abençoado com uma parceira que também compartilha dessa alegria é minha maior conquista. Meus alunos passam tanto tempo pensando sobre escolher a melhor carreira. Porém, essa é uma decisão muito pequena em comparação com a maior de todas as decisões importantes, a qual definirá o restante da sua vida (juntos) — escolher o cônjuge certo.

Eu não pensava assim até ter filhos. Quando nosso primeiro filho nasceu, eu trabalhava sem parar na L2 e costumava fazer a caminhada de três quarteirões até minha casa para dar banho nele antes de voltar ao trabalho. Meu passo acelerava notoriamente conforme eu virava em nosso quarteirão. A liberação de dopamina que se sente antes de encontrar alguém que você se anima em ver é uma dessas

179

emoções que o mantém jovem. Isso o faz focar sua melhor versão, aquela que se importa com os outros e mal pode esperar para estar na presença de outra alma, já que, juntos, cada um de vocês é a melhor versão de si mesmo, muito melhor que a soma de seus elementos. Sua família, amigos, companheiros e colegas — nossa espécie prospera por causa da cooperação e do cuidado, então nosso mesencéfalo nos presenteou com uma marcha contínua de felicidade que se espalha pelo corpo quando se está prestes a ficar na companhia das pessoas que ama.

Estou na poltrona do meio da fileira 33, digitando com uma mão, já que o cara ao meu lado é mais largo que o assento (tamanho normal). Estou comendo pretzels ruins e me sinto alegre. Estou no raio trator... Estou voltando pra casa.

Filhos: Tudo se Resume a Eles

Um assunto popular na escola de administração é a segmentação de mercado — o processo de dividir um mercado grande e homogêneo em grupos com necessidades ou desejos semelhantes. Você então cria os produtos, a precificação e a percepção que correspondem às preferências daquele segmento.

Conforme o marketing evoluiu, os gestores tiveram que descobrir como destrinchar o porco e vender os diferentes cortes para pessoas distintas, por diversas razões e a preços variados, para captar o valor excedente. A diferenciação de um produto ou serviço, real ou percebida, é uma forma de discriminação de preço que ajuda a maximizar a receita ao mesmo tempo que oferece a alguns consumidores (compra antecipada em 21 dias e sem cancelamento) a chance de comprar coisas abaixo do custo.

A Álgebra da Felicidade

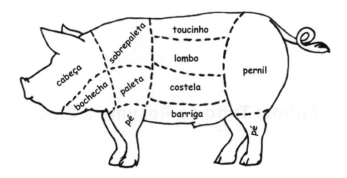

A segmentação ficou cada vez mais engenhosa (e imbecil). Não é um assento de saída de emergência, mas o "Econômico Plus" custa mais US$29. Um assento na econômica mais perto da frente custará US$40 e garante "até" dez centímetros de espaço adicional. Você pode ostentar e fazer um upgrade no seu quarto de hotel de "King" para "Superior King", o que, por mais US$79, inclui um sofá e uma mesa.

Segmentamos nossos filhos em favoritos. Sei o quanto isso parece horrível. Nós classificamos naturalmente, já que isso ajuda qualquer pessoa, ou gestor, consciente a ter sucesso — alocar recursos ou capital para atingir um melhor retorno do que seus concorrentes. Nota: a frase anterior foi um jeito idiota/pedante de dizer "priorizar". Tenho um filho preferido, sempre há um. Acho que a maioria dos pais tem. Essa é a má notícia. A boa notícia é que alternamos o filho preferido. Guardamos segredo de qual é o preferido do

Filhos: Tudo se Resume a Eles

momento como se fosse um código de lançamento nuclear. Reconhecer que você tem um filho preferido o expõe como um pai terrível, como Steve Jobs.

Levei meu mais velho à Copa do Mundo, então o mais novo sabia que eu estava em grande débito com ele. É impressionante que crianças que não conseguem vestir o próprio pijama entendam a moeda de intangíveis e consigam comunicar, muito claramente, que você deve a elas algo especial. Então, minha resposta ao advogado de acusação vestindo a blusa do pijama ao contrário foi: "Podemos fazer o que você quiser."

E, então, ele trucou meu blefe: "Quero ir ao Islands of Adventure e ao Volcano Bay." Não. Por favor, não. É como se tivéssemos contratado um consultor para treiná-lo em como obter algo que seu pai jamais consideraria, jamais, por outra pessoa.

Orlando ou Falência

Paramos para abastecer, e claramente os grandes postos descobriram a segmentação. Os postos Shell segmentam o combustível — comum e aditivado. Escolho o aditivado, já que eles perceberam que caras como eu pagam centavos a mais por litro porque pode — quem sabe — ser melhor. Os ingressos de dois dias para dois parques foram comprados. Porém, a equipe de estratégia da Comcast encontrou um jeito de arrancar uma receita de 100% de margem bruta ao me oferecer um passe Express — corte a fila por mais US$85 por ingresso. Sim, deveria fazer isso. Então, por mais US$10 (US$95 no total), posso comprar o passe Express "ilimitado", que significa que posso cortar a fila do mesmo brinquedo diversas vezes, em vez de apenas uma. Quem teve essa ideia?

Eles testaram, e qualquer um disposto a pagar US$85 para cortar a fila também está disposto a pagar US$95 pela mesma coisa, mas talvez um pouco melhor. Em reconhecimento ao 1% que já fez isso, existem agora tours VIP privativos nos parques temáticos com um guia que promove seu dia e o escolta por passagens secretas de funcionários para ver

Filhos: Tudo se Resume a Eles

os bastidores ("É onde encontramos os celulares que caem das pessoas nos brinquedos"). O custo é de cerca de US$3 mil para um grupo de uma a cinco pessoas, mas não inclui a entrada no parque. O entretenimento é um negócio sério.

Se isso parece uma estratégia nacional para servir o grupo que captou os 85% de crescimento de receita pós-recessão (o 1% superior), confie em seus instintos. Nossa economia, e sua precificação, está avançando em direção a uma sociedade de 350 milhões de servos que servem 3 milhões de senhores.

A pirâmide feudal

Fonte: STUDY.COM

Potter

O Wizarding World of Harry Potter é o melhor produto no mercado, sem dúvidas. Atrações criativas, funcionários ótimos, visualmente deslumbrante e inspirador. É fácil ser cético em relação à multidão de pessoas que esperam para andar em uma estante através de Hogwarts quando você é uma pessoa pessimista como eu. O primeiro dia foi tranquilo. O parque era maravilhoso: cerveja amanteigada e brinquedos que são bem-feitos e ao mesmo tempo se parecem com uma sessão de quimioterapia — certamente o deixarão enjoado.

O Wizarding World também dominou a segmentação e oferece varinhas do Harry Potter — com 28 centímetros de comprimento, feitas de azevinho e com uma pena de fênix no centro — por US$49. Mas espere, tem mais. A varinha pode fazer coisas malucas acontecerem, como é o esperado. Quando você balança a sua em uma janela no Beco Diagonal, uma página de livro vira sozinha (sei, *incrível*, uma página que vira sozinha). Porém, se você quiser a varinha que vira páginas, precisará comprar a que tem "poderes interativos" por US$59. Fechamos o dia na Toothsome Chocolate Emporium & Savory Feast Kitchen, que é o jeito de os pais dizerem: "Amo tanto você que vou deixá-lo jantar chocolate e marshmallows."

Filhos: Tudo se Resume a Eles

O segundo dia foi um verdadeiro teste: Volcano Bay. Um parque aquático projetado por Neil Armstrong e Jason de *Sexta-Feira 13*. Sua pulseira TapuTapu pode ser pré-configurado com seu status de casta. Ou talvez não — temos que ir ao concierge do parque para pegar outra pulseira caso queiramos cortar a fila. Meu filho e seu melhor amigo, Charlie, um garoto maravilhoso que é feliz, educado e destemido, conduziam o grupo, exigindo que fôssemos em tudo. Charlie dá a meu filho a confiança de ir em brinquedos a que ele normalmente não iria, já que veria o olhar de pavor/terror na cara de seu pai e deixaria para lá. Mas Charlie não — ele tem 8 anos, 1,20m, 24kg e não tem medo *de nada*.

É o fim do dia e Papai está lutando com as funções de seu ouvido interno depois do brinquedo Honu ika Moana. Está um calor úmido de 35°C. Estou queimado de sol, cheio de cerveja amanteigada, enjoado e há uma boa chance de eu ter um derrame ou começar a chorar. É hora de ir embora, obrigado, Jesus. Meu mais novo que, novamente, não sabe vestir o próprio pijama, vê uma brecha para negociar: "Podemos andar em só mais um brinquedo?"

"Claro", diz Papai.

Meu mais novo dá o tiro certeiro: "Quero ir na Ko'okiri Body Plunge." A queda é um cano que passa pelo meio de um vulcão Polinésio de cinco andares construídos por equipes de trabalho polonesas. Para chegar ao cano é preciso entrar em um tubo de transporte pneumático projetado para humanos que decidiram que precisavam viajar por um vulcão a 130km/h em um cilindro escuro e hermeticamente fechado. Isso é demais para mim, então, após verificar que eles tinham altura suficiente, Papai os manda subir 476 degraus e concorda em encontrá-los na piscina onde a Ko'okiri os expelirá. Basicamente, deixo todas as minhas decisões paternais para uma placa que me garante que não preciso mais ser o guardião de meu filho, já que ele é alto o suficiente. Que bom.

Vou até o mictório do vulcão, a piscina de saída, mas demora muito. Cadê meu filho? Será que ele está na cápsula, preso e gritando? Será que ele não entrou na cápsula e está perambulando em cima do cano imaginando onde estaria seu pai? Finalmente seu amigo explode na piscina e parece apenas levemente assustado com a experiência. Então, imagino que meu filho deva estar mergulhando pelo vulcão, a um décimo da velocidade do som. Tento ficar calmo, mas estou incrivelmente preocupado. Mesmo.

Em pé na beira da piscina, espero meu filho. E então, meu filho de oito anos, que sobreviveu ao mergulho e é meu favorito de novo, vem com tudo na água. Seu pai, com roupa de banho, chinelos Havaianas e meias sociais (esqueci as meias esportivas e fiquei com medo de queimar os pés), está ali munido de frases de conforto ("Isso foi incrível, estou orgulhoso de você!") e uma barra de proteínas ("Está com fome?").

Ele está atordoado pela queda violenta do Ko'okiri, mas seu olhar encontra o pai rapidamente, e ele parece aliviado, até mesmo grato. Ele havia caído de oito andares, sentiu uma sensação de conquista e pediu para ir de novo. Ele sabe que consegue, e que um homem de shorts e meias sociais estará no final esperando por ele. Alguém que o ama, absolutamente.

Ame Incondicionalmente

Existem poucas verdades. A teoria da vantagem competitiva, a diversificação, o carma, a sabedoria das massas são todas coisas que eu pensava serem verdades absolutas, mas que foram refutadas. Existe algum lugar-comum que eu tenha (quase) 100% de certeza de que você não encontrará apenas retorno, mas recompensa, de seu investimento?

Alerta de spoiler: o amor. Porém, existe um detalhe. Chegar a um ponto, econômica, emocional e espiritualmente, onde você possa amar alguém inteiramente, sem esperar nada em troca, é a verdade absoluta.

O universo opta por prosperidade e progresso. Quando um universo perde sua fonte de vida — o sol —, ele também desencadeia um processo cósmico de criar um sol novo e melhor. Como o universo opta por progredir, ele cria incentivos que resultam em uma progressão ascendente natural. Em longo prazo, os mercados sobem, e cada geração fica mais alta.

O incentivo é que as ações que fomentam o progresso são gratificantes, no sentido de que nos mantêm comendo, fazendo sexo e amando. O ato de progresso mais importante para nossa espécie, planeta e universo é o amor incondicional. O cosmos reconhece isso e recompensa esse comportamento com o mais profundo significado e bem-estar que podemos sentir.

Como ateu, acredito que seja isso. Que quando estiver próximo ao fim, olharei nos olhos dos meus filhos e saberei que nosso relacionamento está quase acabando. E tudo bem, pois isso me motiva. O reconhecimento da natureza finita da vida é uma bênção, pois faz com que você se concentre em amar, perdoar e prosseguir.

Saúde

Seja Forte

Como diz o Dr. Henry S. Lodge, somos caçadores-coletores e ficamos mais felizes quando estamos em movimento e cercados por outros. Como dito anteriormente, uma boa representação de seu sucesso será a proporção entre suar e assistir os outros suarem (assistir esportes na TV). Não se trata de ser trincado, mas de se comprometer a ser física e mentalmente forte. O traço mais comum entre os CEOs é que eles se exercitam com regularidade. Entrar em uma sala de reuniões e crer que, se a coisa ficar séria, você é capaz de matar e comer os outros lhe dá vantagem e confiança. (Nota: não faça isso.)

No trabalho, demonstre regularmente tanto sua força física quanto mental — sua coragem. Trabalhe 80 horas por semana, fique calmo ao enfrentar estresse, ataque um problema grande com força e energia brutais. As pessoas perceberão. No Morgan Stanley, os analistas trabalhavam a noite toda semanalmente. Ninguém morreu, apenas ficamos mais fortes. Entretanto, quando você envelhece, esse modo de trabalhar na verdade pode matá-lo. Então, faça isso agora.

1,80m, 85kg: Minha Altura, Peso

Minha altura, peso e força geral são uma grande fonte de foco para mim, já que eu era muito magrelo quando criança. Quando cheguei na UCLA, tinha 1,80m e 63kg. Entrar para a equipe de remo e ter acesso a três refeições ao dia (por meio de Jeanne, a cozinheira da fraternidade ZBT) resultaram em 14kg a mais de músculos. Logo após o ganho de peso, as mulheres começaram a me notar — o que foi maravilhoso; desde então, associo força e músculos a meu valor como homem. Estou perdendo força muscular e não encontrei outras fontes de segurança e valor. Estou lutando com essa coisa de envelhecer.

Não Se Importe com Coisas Pequenas. Nem com as Grandes

Estou cada vez mais consciente de meu temperamento, pulsação e pressão arterial conforme envelheço. Recentemente estava na Founders Forum (uma conferência para empreendedores e fundadores) em Londres. Quando cheguei, descobri que não palestraria em uma sessão plenária, mas em uma das duas sessões simultâneas. Minha concorrente era Jean Liu, presidente da DiDi, a empresa chinesa de *ride-hailing*. A situação era ainda pior. Liu ficou com a sala "Amber", maior que a "Cedar", onde eu palestraria. Minha voz interna de protesto imediatamente encarou isso como uma grande injustiça.

Foi a conferência desse tipo mais impressionante em que já estive. Cheguei às 14h, sem ter comido nada. Andava estressado, e quando fico estressado esqueço de comer. Estava começando a me sentir fraco, então devorei dois cafés com leite e uma maçã 7 minutos antes de subir no palco, onde comecei a gritar com a plateia e não parei por 30 minutos e 143 slides. Após cerca de 20 minutos, ocorreu microfonia no sistema de som, e comecei a sentir CVPs (contrações ventriculares prematuras — arritmia cardíaca). A pior coisa da minha arritmia não é apenas a falta de ritmo, mas o fato de que consigo senti-la, o que me assusta.

A microfonia, picos de CVPs e 200 pessoas me encarando elevaram muito minha frequência cardíaca. Tentei me acalmar olhando pelo lado bom: se eu caísse morto no palco, teria uma porrada de visualizações no YouTube.

Conforme envelheço, tenho sido capaz de separar as pequenas coisas das grandes e não me importar com as menores. A frase anterior é uma mentira. Semelhante a jet lags e ressacas, o impacto do estresse em mim piorou com a idade. Descrevo a mim mesmo como um idiota que sonambulou pelos primeiros 40 anos da vida. Teve seu lado bom. O problema em ser mais cuidadoso conforme se envelhece é que você realmente pensa nas coisas. Minha vida é fácil em comparação com a de bilhões de pessoas que têm dificuldade em colocar comida na mesa ou que lutam com doenças, mas mesmo assim o estresse me consome.

Fora do Eixo

Nos últimos 5 anos, dei aproximadamente 400 palestras, e em cerca de 1% do tempo tudo sai dos eixos. Fico ansioso, começo a suar e minha voz falha. Começo a ficar sem ar e sinto como se fosse vomitar e desmaiar. Minha palestra "The Four Horsemen" na conferência DLD (Digital-Life-Design) em Munique viralizou (para um acadêmico, pelo menos). Aquilo engatilhou um monte de coisas boas para a L2: um contrato de publicação, análise de métricas, maior conhecimento da empresa. Agora dou a palestra de abertura todos os anos na DLD. Mas na DLD15, do nada... um ataque. Fiquei perto de morrer no palco e tive que me abaixar com as mãos nos joelhos por 30 segundos. A gentil equipe da DLD quis me levar para o hospital, pois estavam certos de que eu estava tendo um ataque cardíaco. Foi bom. Aliás, a palestra teve 1,1 milhão de visualizações no YouTube. Aparentemente meu quase derrame ficou pouco óbvio para os espectadores — poucas menções nos comentários. Outro exemplo de que nada é tão bom, ou ruim, quanto parece na hora.

Em outra ocasião, fui convidado para aparecer na Fox e discutir os ataques de Trump à Amazon quando recebi um e-mail dizendo que Larry Kudlow, o recém-nomeado diretor do Conselho Econômico Nacional, também estaria presente. Comecei a ficar ansioso. Então, prestei atenção na minha roupa. Por algum motivo eu tinha vestido tudo o que havia no meu guarda-roupas, inclusive um moletom, totalizando cerca de 11 camadas.

A reação de lutar e fugir se instalou e comecei a pensar em como evitar que esse sentimento me dominasse. "Já sei, vou beber... isso me acalmará." Acredito que a maioria dos médicos chame isso de alcoolismo. Não foi o medo de me perder na bebida que me impediu de mergulhar em uma ou duas Lagunitas IPAs na padaria mais próxima, mas a possibilidade de alguém me ver tomando cerveja às 9h45 da manhã em Midtown. Resumindo, não bebi, e estava bem. Tomei betabloqueadores por um tempo, o que pareceu curar o problema. Entretanto, não quero me tornar refém de nenhuma substância para funcionar. A menos, é claro, que seja Lunesta, cafeína, Cialis, Chipotle ou maconha. Ou, como costumo chamá-los, os cinco grupos alimentares. Se eu não fosse ateu, seria justo pensar que é Deus me lembrando de que não sou tão descolado assim. Porém, sendo ateu, estou certo de que sejam apenas ataques de pânico, cuja fonte não descobrirei... jamais.

Chore — É Bom para Você

Chorar pode ter um propósito evolutivo, pois mostra rendição ("por favor, pare de fazer isto comigo"), provoca empatia naqueles a seu redor e pode ajudar pais a localizarem seus filhos. Para os bebês, chorar pode ser um modo de restaurar o equilíbrio após um excesso de estímulo. Um jeito de resolver isso é imitando o útero com os cinco passos — embrulhar, posicionar de lado, fazer som de chiado, balançar e dar a chupeta — desenvolvidos pelo Dr. Harvey Karp. (Isso. É. Genial. Eu pensaria seriamente em ter um terceiro filho, se os bebês não fossem tão terríveis, só para ter a chance de impressionar amigos sem filhos com essa técnica.) Chorar também pode aliviar o estresse gerado por uma onda de emoções difíceis de processar. Homens não devem chorar, o que provavelmente vem da ideia de que "indica rendição".

A Família Dó-Ré-Mi

A primeira vez que me lembro de ter chorado, de verdade mesmo, foi aos nove anos. Minha mãe havia abandonado a mim e meu pai (ela voltou duas semanas depois para me buscar). Eu estava assistindo *A Família Dó-Ré-Mi* com meu pai, em uma sexta-feira à noite, às 20h30, antes do DVR existir. Estávamos sentados no sofá, vestindo roupões felpudos laranja iguais, o máximo de opulência da classe média norte-americana dos anos 1970. Meu pai havia ganho esses itens luxuosos como brinde por jogar em um torneio de golfe patrocinado por sua empresa, a ITT. Ele conseguiu um tamanho pequeno para mim, o que ainda era oito números maiores que o de um menino de nove anos. Bordado no peito de nossas roupas cor de Tang havia uma bandeira vermelha sobre letras cursivas verdes onde se lia "Pebble Beach". Eu não sabia onde ficava Pebble Beach, mas sabia que pessoas importantes jogavam golfe lá, o que significava que meu pai era importante. Eu não tinha processado a porcaria que acontecera duas semanas antes, mas de repente entendi e, enrolado na minha tenda de algodão turca, comecei a chorar incontrolavelmente. Chorei por uma meia hora. Meu pai parecia em pânico e ficava falando: "Sinto muito, tem algo que eu possa fazer?", e eu respondia: "Não, só estou triste." Aquela foi nossa primeira conversa de verdade.

Chore — É Bom para Você

Perdi a capacidade de chorar por cerca de 10 anos entre os 34 e os 44 anos. Não chorei quando me divorciei ou quando minha mãe morreu. Acho que só esqueci como era. Sou obcecado por negócios, me estresso muito com isso, e envolvo uma parte grande demais de minha identidade e valor em torno do sucesso profissional. Mas nunca chorei por causa dos negócios. E acredite, tive razões para isso diversas (centenas) vezes. Porém, desde os 40 e poucos anos, aconteceu algo estranho:

Eu choro toda hora.

Sei que é algo bom. Chorar de lamento é olhar para o passado com tristeza ou para o futuro com temor. Chorar de felicidade é uma reação a um momento como se fosse eterno; a pessoa paralisa em um presente alegre e imortalizado. Ultimamente, minhas lágrimas (felizmente) têm sido do segundo tipo, conforme desacelero e busco momentos. Momentos com amigos, momentos tentando parar o tempo com meus filhos e (sobretudo) sentindo-me totalmente imerso ao assistir filmes e TV. Ao menos um terço dos episódios de *Modern Family* me fazem chorar, e tem algo em entrar em um avião que acaba comigo. (Não assista ao filme *A Luta de Steve* durante um voo.)

Também soluço mais durante as aulas, na frente de 170 pessoas na casa dos 20 anos. Eu costumava ficar envergonhado e dizer a mim mesmo para manter o controle. Mas conforme envelhecemos ficamos mais autênticos, e estou me sentindo mais confortável com emoções naturais e os possíveis danos colaterais. Conquistei isso. Conforme você envelhece e começa a perceber o tempo finito que tem, quer parar o tempo e ter momentos em que sinta algo.

A maior depressão não é sentir-se triste, mas não sentir nada. Chorar, especialmente na companhia daqueles que você ama, ou pensando neles, é saudável e alegre. Fico com os olhos cheios de lágrimas só de pensar.

Troque Proximidade por Harmonia

Minha família — meu pai, minha irmã e eu — não somos próximos segundo os padrões norte-americanos. Sem churrascos, ligações diárias ou assistir a esportes juntos. Entretanto, troco a proximidade pela harmonia... e temos muito disso. Meus amigos que têm relacionamentos superpróximos mas disfuncionais com suas famílias costumam ficar exaustos pelas razões erradas. Nós três somos tranquilos, sem dramas e cobranças com a vida um do outro. Um bônus inesperado é que, além de nos amarmos, gostamos uns dos outros — nos damos bem.

Durante as duas últimas décadas, viajamos regularmente a Cabo, que meu pai ama. Da última vez, entretanto, foi mais difícil. Meu pai tem 88 anos e perdeu muito peso recentemente. Os músculos de suas pernas atrofiaram, como era de se esperar, e ele está com dificuldade para andar. Nosso pai era "aquele cara" que parecia nunca envelhecer, então o fato de ele pedir ajuda para andar é devastador. Alguns de seus maiores tesouros são suas medalhas por chegar em primeiro lugar na categoria de sua idade (50 anos) em diversas corridas de 10K. Ele gosta especialmente de uma foto que o mostra no pódio de medalhas celebrando a vitória com um cigarro.

Tanto eu quanto minha irmã temos nos exercitado mais de 3 vezes por semana desde os 18 anos de idade. Nosso pai fumante inveterado e medalhista de 10K nos fazia malhar durante a adolescência, e mantivemos o hábito. Todos precisaremos de ajuda para andar algum dia, mas isso provavelmente acontecerá para mim e minha irmã anos mais tarde do que para a maioria das pessoas, graças a ele.

O ponto alto de cada viagem é quando bebemos juntos à beira-mar em vez de jantar. A conversa flui inevitavelmente para as ex-mulheres do meu pai (três), os ex-namorados da minha irmã (caras que iluminavam o ambiente) e minhas neuroses (inúmeras). Nenhum desses assuntos é interessante por si só, mas depois de diversas margaritas... Eles. São. Todos. Muito. Hilários. À medida que a morte celular ocorre, o que acomete todos nós, há perda cognitiva ou física. Passamos a maior parte do tempo parados, então ter nosso pai lúcido (alerta, engraçado) aos 88 anos, ainda que sentado, deixa óbvio que é preferível perder as pernas antes da memória.

Troque Proximidade por Harmonia

Seja um Cuidador

Cuidadores vivem mais do que qualquer grupo, e o número de pessoas que você ama e de quem cuida é o maior sinal do quanto viverá. Como muitos homens, eu não cuidei de muitas pessoas. Passo bastante tempo com meus filhos, mas a mãe deles é a principal cuidadora. Meu cuidado é assistir aos destaques da Premier League, levá-los ao restaurante japonês e fazer a Alexa perguntas sobre *Star Wars* (nunca perde a graça). Levar e trazer meu pai de Cabo e pelo hotel — um lembrete brutal do quão maravilhosas são as leis (Lei dos Americanos Portadores de Deficiência — ADA, na sigla em inglês) — é o cuidado mais verdadeiro que já ofereci desde que minha mãe adoeceu. É possível sentir os benefícios. É cansativo, mas gratificante. Você tem que ser comprometido e organizado (crucial para a saúde mental), e sente como se tivesse um propósito — nesse caso, garantir que meu pai não caísse.

Disse a meu pai que era hora de pedir o serviço de cadeira de rodas nos aeroportos, e ele ficou bem, relaxado até, com a ideia. Ao ser empurrado na cadeira para atravessar a segurança, ele parecia aliviado de não precisar participar das confusões que passamos do outro lado do detector de metais — Qual é a minha mala? Cadê meus sapatos? Droga... será que tem um vape na minha mala de mão? Na nossa frente tinha outra pessoa em um veículo com rodas, uma menina de dois anos. Ela não estava nem de longe tão tranquila quanto meu pai com a ideia de ser empurrada — ela estava gritando.

Todos nós usamos carrinhos e cadeiras de rodas em nosso passado/futuro. Colocamos as pessoas sobre rodas para que possam estar conosco quando saímos de casa, e a mobilidade é algo tão maravilhoso que a postergamos e estendemos. A garotinha estava brava, como é costume em crianças pequenas, e claramente não estava convencida de que as rodas eram decorrentes do cuidado das pessoas em relação a ela. Meu pai, porém, sabe que isso é verdade.

Perca-se no Momento

A **população** que cresce mais rápido são os centenários. Como é possível viver até os cem anos? Fácil. Tenha uma genética boa, um estilo de vida saudável e ame outras pessoas. Amar é essencial quando se trata de viver. Gostamos de pensar que a genética é o fator principal, então podemos abdicar da responsabilidade por maltratar nossos corpos, já que "a morte é certa". Não é, não.

Existe um fator X: as coisas fora de nosso controle que podem gerar tragédias sem motivo. A primeira casa de veraneio que compartilhei nos Hamptons foi com duas mulheres — uma delas era mãe de gêmeos — que morreram de câncer aos 40 e poucos anos em um intervalo de 1 ano. Conforme envelhecemos, nos deparamos com mais fatores X, como as pessoas que morrem quando não deveriam. Por causa disso começamos a ajustar outros algoritmos.

Amanhã x Hoje

Walter Mischel, professor da Stanford, estudou a gratificação tardia, oferecendo a crianças uma pequena recompensa: um marshmallow — ou dois marshmallows, se elas não comessem o primeiro ao ficarem a sós com o doce. O estudo acompanhou as crianças, e aquelas com disciplina para não comer o marshmallow tiveram mais sucesso durante a vida. Nosso sistema educacional e cultura se concentram em fazer com que as crianças sejam pequenos adiadores de recompensas. Poucos pais gritam para seus filhos: "Preciso que você esteja mais presente no momento!" Mas, conforme envelhecemos e encontramos mais fatores X, começamos a nos perguntar: "Por que estou tão estressado hoje, tentando construir um amanhã melhor, quando estarei igualmente estressado no dia seguinte? Quando o amanhã, a recompensa, se tornará o hoje?"

Estou tentando (desesperadamente) estar mais presente no momento e tenho descoberto que é um baita esforço. A menos que esteja com meus filhos, que exigem que tudo tenha a ver com o hoje... e costuma ser qualquer coisa que eles precisem ou queiram naquela hora. Algo bom. Recentemente, um voo que eu esperava para Londres foi adiado, então comecei a fazer ligações, ler e-mails, trabalhar. E então, pensei... *dane-se*. Fui ao duty free e comprei uma porção de presunto cru (quando em Roma). Fui a um bar, pedi uma cerveja, coloquei meus fones que abafam ruídos e ouvi

Perca-se no Momento

Calvin Harris enquanto comia carne de porco. Eu. Amo. Carne. De. Porco. Poderia mergulhar em uma banheira dessa carne.

Super "no momento". Fui até o portão, passei por umas portas de vidro imponentes, mas não havia portões do outro lado, apenas o carrossel de bagagens. Que merda. Eu tinha — não sei como — saído do terminal e da área de segurança. Há um motivo pelo qual nos sentimos tão obstinados ao passar pela segurança da área restrita, já que — e posso confirmar isto — eles não o deixam retornar. Em um instante, eu tinha perdido meu voo. O que me trouxe. De. Volta. Ao. Momento.

Todos buscamos este equilíbrio... aquele lugar especial. Adiamos a gratificação para poder construir um amanhã melhor para nós, nossa família e para os outros. Você não pode perder tantos voos, pois as pessoas do outro lado contam com você. Mas vale a pena mandar o fator X se ferrar, mergulhar na carne de porco e perder alguns voos.

Não Seja um Idiota

Tenho pensado recentemente em saúde mental e emocional. O que torna as crianças e os cães tão cativantes diante da câmera (atores sentem-se ofuscados por crianças e animais) é o fato de serem 100% autênticos.

Seus filhos não se importam que deitar-se sobre você durante a série *Outrageous Acts of Science* seja incômodo e inadequado. A afeição das crianças é imensamente gratificante, pois é pura — sem intenções, expectativas ou filtros. Apenas um desejo natural pelo seu calor e por estar mais próximo de você — alguém a quem eles amam e que os ama.

Meu filho mais velho reforça essa autenticidade quando, certo tempo depois, desiste da ideia de lavar o carro comigo, pois prefere jogar FIFA 18. Ontem, nosso filho de sete anos nos disse que "sente amor" quando toca seu pipi (o nome que ele deu, não nós) e quando vê cachorros. Seu irmão, que nunca concorda com ele, assentiu como se essa fosse uma verdade universal.

Escola, disciplina e criação de filhos se resumem principalmente a criar filtros para que seus filhos se mantenham em seus caminhos, não sejam presos, se adaptem e tracem uma rota para um destino real. Adolescentes, perto de seus pais, se tornam especialistas em filtrar tudo o que você diz e encontrar as impurezas em tudo o que você faz. Tudo. Conforme entramos na vida adulta, desenvolvemos mais filtros no namoro, na faculdade e no trabalho.

Conforme envelhecemos, existe uma liberdade e um desprendimento catártico para tolerar brechas nos filtros, tornando-os mais porosos, e suas ações e palavras mais genuínas. Meus filtros tiveram pouca dificuldade em se expandir no trabalho e com prestadores de serviços. Tenho sido totalmente aberto com aqueles que não atendem às minhas expectativas, seja os requisitos do trabalho, seja o preço de uma corrida de táxi. O feedback direto e construtivo é valioso.

Mas meu "feedback" tem sido uma caixinha de surpresas (desagradáveis). Sempre rápido em lembrar o rapaz — que provavelmente sustenta três filhos com US$40 mil ao ano — que demorou 40 minutos para trazer o serviço de quarto. Ou esperar que, se estou trabalhando à meia-noite, o garoto de 24 anos que trabalha para mim também tem que estar fazendo o mesmo. Tento compensar o primeiro dando uma boa gorjeta, mas é apenas uma retribuição — trabalhei durante o colegial e a faculdade (como garçom, manobrista e auxiliar de restaurante) e me vejo em todo funcionário. Mas pagar

10% de serviço não é justificativa para ser um babaca. Estou tentando mudar isso.

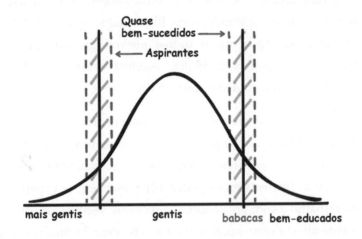

Tenho convivido com pessoas incrivelmente bem-sucedidas desde a juventude, principalmente por meio do trabalho, e conheço algumas a nível pessoal. Existe um gráfico sobre ser babaca. Os aspirantes (pessoas tentando ganhar a vida) geralmente são legais e não são exigentes. Não sei se é a humildade por não ter alcançado segurança financeira, medo de irritar a pessoa errada, valores, ou se é o reflexo, já que muitos passam pelo setor de serviços. Os quase bem-sucedidos (onde passei boa parte da minha vida adulta) tendem

Não Seja um Idiota

a superar todos os níveis de babaquice, já que a insegurança e a raiva por não ter conseguido progredir mais podem se tornar expectativas e ações para tentar em vão mostrar a grande porcaria que se é.

As pessoas superbem-sucedidas que conheço costumam ser mais gentis, mais generosas e em geral mais bem-educadas. O bilionário idiota retratado em filmes e na TV é mais uma caricatura — uma animação de algo que não é real. Gosto de pensar que generosidade e educação são o sinal e a causa do sucesso. Mas creio que bons modos também são a soma de outros fatores: (1) bilionários têm mais a perder. Ser babaca com um motorista de Uber quando você é o CEO da Uber pode e deve lhe custar bilhões (e custou). E (2) você reconhece suas bênçãos e fica mais fácil ser menos trouxa. Umas das vantagens de envelhecer é que enquanto alguns filtros se renovam ("Preciso mesmo criticar essa pessoa?"), outros surgem, fazendo com que seja fácil e natural elogiar os outros.

Elogie os Outros

Tenho certeza de que Deus não existe. Pelo menos não a versão Morgan Freeman/Lifetime/Fox de Deus. Porém, eu rezo. Da mesma forma que escrever suas metas aumenta a possibilidade de atingi-las, já foi comprovado que ser grato pode melhorar a saúde e aumentar a expectativa de vida. Nas pesquisas psicológicas, a gratidão sempre se correlaciona com mais felicidade. A gratidão ajuda as pessoas a sentirem emoções mais positivas, ter prazer nas experiências da vida, melhorar sua saúde, lidar com a adversidade e construir relacionamentos fortes.

Escrever suas ambições e articular todas as coisas pelas quais se é grato é uma forma de oração. Empenho-me mais em rezar na companhia de outras pessoas — ser transparente acerca de meus objetivos e expressar gratidão; ou, mais frequentemente, ser específico sobre o quão impressionante a outra pessoa é. Quando eu era jovem, achava que elogiar alguém era um tipo de jogo de soma zero. Que reconhecer as conquistas e qualidades alheias me diminuía. Tão pequeno.

Passar tempo com meus filhos e me exercitar têm sido antidepressivos eficientes. Cada vez mais, estou incluindo um terceiro: oração na forma de reconhecimento/admiração. Não é caridade, pois elogiar os outros faz com que me sinta importante, saudável e confiante. Ainda tenho um longo caminho pela frente, já que minhas inseguranças são persistentes.

Não Seja um Idiota

Todos temos boas intenções que não são colocadas em prática. Todos temos reservas ainda maiores de admiração e boas impressões sobre os outros que ficam presas nos filtros da insegurança e do medo. Não deixar essa barreira se romper é encurtar a vida e desdenhar as alegrias. Existem pouquíssimas verdades absolutas. Uma delas é que ninguém jamais diz em um funeral: "Ele era generoso demais, bondoso demais e excessivamente amável."

Ninguém. Nunca.

Sustento > Substâncias Viciantes

Quando um rato pressiona uma alavanca e recebe uma recompensa, é previsível que toda vez que sentir fome ele volte a fazê-lo. Mas, se a recompensa começar a variar — muitas tentativas sem doces, e então caem três ao mesmo tempo —, o rato pressionará a alavanca incontrolavelmente. Recompensas aleatórias e imprevisíveis são a essência do vício.

Sou viciado no Twitter ou, mais provavelmente, na reafirmação que recebo da plataforma de microblogue. Porém, nada é de graça quando se trata de vícios. Após encerrar a busca pela verdade (o que todos os acadêmicos devem fazer) no sensacionalismo promovido, a ressaca para mim é me sentir vazio e um pouco ridículo. Por que um professor de 54 anos está no Twitter?

Sustento > Substâncias Viciantes

A Alavanca da Máquina Caça-níquel

Inconscientemente, todos os dias puxamos a alavanca de uma máquina caça-níquel. Nosso mais novo, de 8 anos, costuma cambalear até nosso quarto para a última hora de seu sono. Existem poucas coisas (heroína, talvez?) que se transformam de maravilhosas em terríveis em 3 minutos. Quando ele deita em mim, me sinto pleno... e tudo faz sentido. Volto a dormir sabendo que sou importante. Apesar de ser importante, 3 minutos depois meu bulbo raquidiano me acorda, já que estou quase sufocando. Preciso tirar essa peça de carne de 26kg de cima do meu peito ou morrerei — e ele (imagino/espero) ficaria assustado ao acordar em cima de seu pai morto. Poderia vender a ideia para o canal Hallmark Channel. Mas voltemos ao assunto.

Então, ele acorda. Sua mãe e seu pai observam sua expectativa cheia de dopamina conforme seus sentidos despertam e começam a processar. Olhando em volta, com o cabelo extraordinariamente bagunçado, as ideias entrando no lugar, absorvendo o novo mundo que o dia pode trazer. Ele está decidindo se é um dia bom. *Bom, papai está aqui, e ele me ama, e eu o amo tanto que vou deitar nele de novo e ficar imóvel por 15 segundos irradiando felicidade.* Aí, ele levanta de repente e nos informa que vai descer para encontrar seu melhor amigo, seu irmão.

Ou — e esta é a chave para a dopamina, pois não parece haver um padrão compreensível — ele sente que há algo de errado no dia. Em três segundos, a suspeita se torna certeza. Sim, definitivamente o dia pela frente é uma força do mal ameaçando tudo o que há de bom no mundo, e seu comportamento terrível é a principal arma a ser utilizada.

Sustento > Substâncias Viciantes

O enviado de Satã começa a reclamar e arrumar brigas disfarçadas de perguntas: "Preciso ir ao futebol?"; "Posso comer bala de goma no café da manhã?". O resto do dia se torna uma situação de cativeiro onde sinto falta da época de Bing Crosby, quando bater em seus filhos não era apenas aceitável, mas uma boa forma de educar. E então, do nada... o terrorista usando pijama do Homem de Ferro senta ao meu lado e começa a esfregar minha cabeça e rir da sensação, enquanto faz perguntas sobre minha mãe. "Ela era parecida com você? Vocês moravam em uma casa grande?"

Além do videogame, meus filhos estão desenvolvendo outras fontes de dopamina, e é interessante vê-las se revelarem. No fim de semana passado meu mais novo entrou em nosso quarto e se acomodou entre nós. Percebi que ele estava abraçado a um objeto grande e esférico e imaginei que fosse um Angry Bird de pelúcia. Tirei o objeto de suas mãos e, no escuro, percebi um "8" na esfera. Ele trouxe uma Bola 8 Mágica e estava dormindo com ela.

Mais tarde naquela manhã, meu filho do Hallmark Channel apareceu e decidiu que deveríamos fazer as perguntas mais importantes do mundo à onisciente B8M:

219

- **"Papai algum dia recuperará o cabelo?"** Resposta: cenário não promissor (é difícil dizer o quanto meu filho de oito anos achou isso hilário).
- **"Mamãe vai me comprar o FIFA 18?"** Resposta: melhor não lhe contar agora.

Por três dias meu filho andou por aí apegado à sua B8M. Viciado em recompensas aleatórias e feedback.

A imprevisibilidade, o feedback imediato e a variabilidade dos resultados, associados à predisposição genética de fixar-se em seus filhos para que a espécie continue, tornam as crianças uma substância viciante para seus pais. Eu passo a maior parte da semana em Nova York, longe deles. Na quinta-feira já fico ansioso e deprimido. Preciso da minha dose.

Comida, sexo e filhos. Fomos feitos para nos viciar em coisas essenciais para a sobrevivência da espécie. Acredito que meus filhos reconhecerão que seus pais não ofereceram a onda de dopamina de uma substância viciante, mas, sim, o sustento. Estamos sempre presentes, previsíveis. Somos uma certeza, feitos para amá-los independentemente da circunstância, e demonstramos esse amor com menor variação do que qualquer outro relacionamento. Será que meus filhos lembrarão que nós, ainda que não sejamos perfeitos, estávamos sempre à disposição?

Sustento > Substâncias Viciantes

Epílogo

No final, tudo o que importa
são os relacionamentos.

Epílogo

Minha mãe conheceu sua melhor amiga, Karsen Evans, no pool de secretárias do escritório da ITT em Orange County. Karsen era engraçada e extrovertida, e muito parecida com Ann-Margret. Ela se casou com Charly, um empreendedor bem-sucedido que tinha uma gráfica. Karsen e Charly eram amigos muito queridos para minha mãe. Ela ficou com eles ao se separar de meu pai.

Em sua companhia, aos nove anos de idade, percebi muitas coisas pela primeira vez:

1. Karsen foi a primeira mulher que me lembro de achar "bonita".

2. Percebi que eles tinham coisas melhores que as nossas: uma casa grande com vista para o Vale, carros alemães, casacos de pele e armas extravagantes da Itália. Karsen usava um cinto com aros dourados que continham 24 moedas Indian Head Gold Eagle de US$10. Karsen e Charly eram algo que eu nunca tinha visto ou percebido antes. Eles eram "ricos".

3. Eles também não tinham filhos e davam festas divertidas, nas quais pessoas descoladas ficavam bê-

badas. Eles dançavam ao som de uma banda ao vivo cujo vocalista era amigo de Charly. Eles eram "maneiros".

No ensino médio, Charly me levava para almoçar em sua empresa, e comecei a ter uma noção de trabalho e o que significava ganhar dinheiro. Passei a relacionar trabalho a moedas de ouro e pessoas descoladas que ouviam música ao vivo com vista para o Vale de São Fernando.

Charly estava à frente de seu tempo. Ele viu a disrupção chegando e fez uma aposta agressiva em tecnologia — computadores que substituiriam a composição tipográfica. A tecnologia não era prática e exigia que ele mudasse toda a operação de sua empresa a um custo alto. Em 2 anos, sua gráfica de 30 anos fechou as portas, e Charly e Karsen ficaram financeiramente arruinados. Como em muitos casamentos, os problemas financeiros foram uma maldição e Karsen disse a Charly que o abandonaria.

Epílogo

Logo em seguida, Charly foi internado no hospital com o que chamaram na época de colapso nervoso. O termo *depressão* ainda não fazia parte do vocabulário norte-americano. Depois de receber alta do hospital, Charly pediu a Karsen que fosse ao supermercado, pois o Häagen-Dazs havia acabado. Assim que ela saiu, Charly foi à garagem, colocou munição em um rifle antigo, pressionou o cano contra o peito e puxou o gatilho. Quatrocentas pessoas foram ao funeral — ele era amado. Lembro-me da aglomeração de mais de cem pessoas chorando, seus três filhos crescidos (do primeiro casamento) soluçando incontrolavelmente, e Karsen, vestindo botas até as coxas, recebendo a todos.

Logo após a morte de Charly, Karsen passou por diversas cirurgias malsucedidas na coluna e se viciou em opioides. Ela e minha mãe continuaram próximas. Quando minha mãe ficou doente, Karsen apareceu inesperadamente na porta dela e anunciou que estava ali para cuidar de sua melhor amiga. Ela havia dirigido de San Diego até Las Vegas. Eu descarreguei seu Corvette amarelo-canário: duas malas Louis Vuitton falsas, um cachorro Maltês e sete garrafas de um litro de Johnnie Walker Red.

Quando minha mãe ficou muito doente, Karsen a ajudava com coisas que eu não podia — tomar banho, trocar de roupa. Ela fazia Hot Pockets para nós todas as noites. Ela também seduzia os funcionários de 30 e poucos anos da

227

manutenção (minha mãe morava em um campo de golfe) e bebia um litro de uísque a cada três ou quatro dias. Pelas minhas contas, imaginei que Karsen havia dado um mês de vida à minha mãe, pois era quando o uísque acabaria.

Depois que minha mãe morreu, Karsen perguntou se eu cuidaria dela. Eu ligava uma vez por mês, por cerca de seis meses, e então parei de telefonar. Fiquei muito envolvido com minhas próprias coisas para ligar para a mulher que havia dado banho em minha mãe quando ela estava morrendo. Tão egoísta.

Depois de dois anos recebi uma ligação dizendo que Karsen havia morrido. Incapaz de conseguir uma carona para buscar seus analgésicos, ela passou por uma abstinência séria e seu coração não aguentou. O advogado me informou que eu era o único beneficiário de seu patrimônio (usando o termo generosamente). Ainda assim, mais do que eu merecia. Da mesma forma que a dor referida, isso era amor por minha mãe manifestado de outra forma.

Herdei o cinto das moedas Gold Eagles e decidi guardá-lo caso tudo desse errado — tipo fim do mundo. Eu poderia pegar carona até Idaho e começar a trocar moedas de ouro por armas, manteiga e alguns dias no abrigo subterrâneo de alguém. Nunca se sabe.

Epílogo

Como perco um terço das coisas que não escondo, resolvi esconder o cinto, o que foi uma má ideia, já que deu no mesmo. Eu não via as moedas há muitos anos, até que meu amigo Adam perguntou se eu sabia que tinha um acessório de fantasia, um cinto de ouro brega, em uma cômoda que havia dado a ele. Expliquei que não era de fantasia e que provavelmente valia dezenas de milhares de dólares. Adam disse que seu filho de 13 anos o estava usando como colar para ir à escola, pois fazia com que ele parecesse um rapper. Ele me devolveu.

Karsen e Charly Evans foram as pessoas mais impressionantes que conheci, eram extremamente felizes, e ambos morreram sozinhos. Karsen era uma viciada cuja única familiar ou amiga era minha mãe. Charly estava muito doente para sentir o amor de sua família. Tornei-me um tipo de viciado também. Viciado na afirmação e na segurança financeira que acompanham o sucesso profissional. Olho para o cinto e vivencio a necessidade de investir em relacionamentos, caso sejam a única coisa que me reste, e de manter a perspectiva de que, no final, isso é tudo o que temos e tudo o que importa.

Notas

INTRODUÇÃO

12. **aos 50:** Ingraham, Christopher. "Under 50? You Still Haven't Hit Rock Bottom, Happiness-wise." *Wonkblog* (blog), *Washington Post*, 24 de agosto de 2017. https://www.washington post.com/news/wonk/wp/2017/08/24/under-50-you-still- havent-hit-rock-bottom-happiness-wise.

13. **A felicidade está à sua espera:** A depressão clínica é algo que não tenho competência para abordar.

15. **sua todos os dias:** Cohen, Jennifer. "Exercise Is One Thing Most Successful People Do Everyday." *Entrepreneur*, 6 de junho de 2016. https://www.entrepreneur.com/article/276760.

Notas

18. **causa de desgaste conjugal:** Rampell, Catherine. "Money Fights Predict Divorce Rates." *Economix* (blog), New York Times, 7 de dezembro de 2009. https://economix.blogs.nytimes.com/2009/12/07/money-fights-predict-divorce-rates.

19. **Temos um sistema de castas:** Carnevale, Anthony P., Tamara Jayas-undera e Artem Gulish. *America's Divided Recovery: College Haves and HaveNots*. Georgetown University Center on Education and the Workforce, 2016. https://cew.georgetown.edu/cew-reports/americas-divided-recovery.

19. **algumas supercidades:** Khanna, Parag. "How Much Economic Growth Comes from Our Cities?" World Economic Forum, 13 de abril de 2016. https://www.weforum.org/agenda/2016/04/how-much-economic-growth-comes-from-our-cities.

20. **a correlação nivela:** Martin, Emmie. "Here's How Much Money You Need to Be Happy, According to a New Analysis by Wealth Experts." CNBC Make It, 20 de novembro de 2017. https://www.cnbc.com/2017/11/20/how-much-money-you-need-to-be-happy-according-to-wealth-experts.html.

Notas

21. **Estar "focado" é felicidade:** Csikszentmihalyi, Mihaly. 2004. "Flow, the Secret to Happiness." Filmado em fevereiro de 2004 em Monterey, CA. TED video, 18:55. https://www.ted.com/talks/mihaly_csikszentmihalyi_on_flow.

22. **dinheiro cedo e com frequência:** Hafner, Peter. "The Top 3 Benefits of Investing in the Markets Early." *Active/Passive*, CNBC, 12 de setembro de 2017. https://www.cnbc.com/2017/09/12/the-top-3-benefits-of-investing-in-the-markets-early.html.

23. **O aplicativo 1 Second Everyday:** Página inicial do 1 Second Everyday https://1se.co.

24. **mais laços sociais:** Schülke, Oliver, Jyotsna Bhagavatula, Linda Vigilant, e Julia Ostner. "Social Bonds Enhance Reproductive Success in Male Macaques." *Current Biology* 20 (21 de dezembro de 2010): 2207–10. https://bit.ly/2vvjq95.

26. **Harvard Medical School Grant Study:** Mineo, Liz. "Good Genes Are Nice, but Joy Is Better." *Harvard Gazette*, Abril de 2017. https://news.harvard.edu/gazette/story/2017/04/over-nearly-80-years-harvard-study-has-been-showing-how-to-live-a-healthy-and-happy-life.

Notas

28. **as pessoas superestimam a quantidade de felicidade:** Norton, Amy. "People Overestimate the Happiness New Purchases Will Bring." HealthDay.com, 25 de janeiro de 2013. https://consumer.healthday.com/mental-health-information-25/ behavior-health-news-56/people-overestimate-the-happiness-new-purchases-will-bring-672626.html.

29. **a alegria dos filhos:** Mosher, Dave. "Holding a Baby Can Make You Feel Bodaciously High — and It's a Scientific Mystery." *Business Insider*, 15 de novembro de 2016. https://www.busines sinsider.com/ baby-bonding-oxytocin- opioids- euphoria-2016-10.

32. **segredos para um relacionamento saudável:** Firestone, Lisa. "Forgiveness: The Secret to a Healthy Relationship." *Huffington Post*, 15 de outubro de 2015. https://www.huffpost.com/entry/forgiveness-the-secret-to-a-healthy-relationship_b_8282616.

SUCESSO

39. **capaz de suprir as necessidades:** Vo, Lam Thuy. "How Much Does It Cost to Raise a Child?" *Wall Street Journal*, 22 de junho de 2016. http://blogs.wsj.com/economics/2016/06/ 22/how-much- does-it-cost-to-raise-a-child.

Notas

39. **criança em Manhattan:** Fishbein, Rebecca. "It Could Cost You $500K to Raise a Child in NYC." *Gothamist*, 19 de agosto de 2014. http://gothamist. com/2014/08/19/condoms_4life.php.

39. **precisa estudar em escolas particulares de Manhattan:** Anderson, Jenny e Rachel Ohm. "Bracing for US$40,000 at New York City Private Schools", *New York Times*, 29 de janeiro de 2012. http://www.nytimes.com/2012/01/29/nyregion/scraping-the-40000-ceiling-at-new-york-city-private-schools.html.

43. **visões de luzes fortes que as pessoas descrevem:** Pollan, Michael. *How to Change Your Mind: What the New Science of Psychedelics Teaches Us About Consciousness, Dying, Addiction, Depression, and Transcendence*. Nova York: Random House, 2018.

49. **Um artigo sobre essa troca:** "Get Your Sh** Together: NYU Professor's Response to Student Who Complained After He Was Dismissed from Class for Being an Hour Late Takes Web by Storm." *Daily Mail*, 14 de abril de 2013. https://www.dai lymail.co.uk/news/article-2308827/Get-sh-t-NYU-professors-response-student-complained-dismissed-class-hour-late.html.

Notas

56. **verdadeiro magnata da TV a cabo:** "#67 John Malone." Forbes, 15 de janeiro de 2019. https://www.forbes.com/profile/john-malone/#349608415053.

58. **Você é uma fraude:** Richards, Carl. "Learning to Deal with the Impostor Syndrome." *Your Money* (blog), *New York Times*, 26 de outubro de 2015. https://www.nytimes.com/2015/10/26/your-money/learning-to-deal-with-the-impostor-syndrome.html.

58. **70% dos norte-americanos:** Page, Danielle. "How Impostor Syndrome Is Holding You Back at Work." *Better* (blog), NBC News, 26 de outubro de 2017. https://www.nbcnews.com/better/health/how-impostor-syndrome-holding-you-back-work-ncna814231.

58. **eles ficarão cada vez mais fortes:** Vozza, Stephanie. "It's Not Just You: These Super Successful People Suffer from Imposter Syndrome." *Fast Company*, 9 de agosto de 2017. https://www.fastcompany.com/40447089/its-not-just-you-these-super-successful-people-suffer-from-imposter-syndrome.

65. **é ter nascido nos Estados Unidos:** Galloway, Scott. "Enter Uber." *Daily Insights*, Gartner L2, 16 de junho de 2017. https://www.l2inc.com/daily-insights/no-mercy-no-malice/enter-uber.

Notas

73. **a cada período de 5 a 7 anos:** Sundby, Alex. "Bank Execs Offer Head-Scratching Answers." CBS News, 14 de janeiro de 2010. http:// www.cbsnews.com/news/ bank- execs- offer-head-scratching-answers.

74. **Uma bolha:** Kleintop, Jeffrey. "Where's the Next Bubble?" *Market Commentary* (blog), Charles Schwab, 10 de julho de 2017. https://www.schwab.com/ resource-center/insights/content/where-s-the-next-bubble

74. **aproximando de uma bolha total:** "5 Steps of a Bubble." *Insights* (blog), Investopedia, 2 de junho de 2010. http:// www.investopedia.com/articles/stocks/10/5-steps-of-a-bubble.asp.

74. **entre 1999 e 2019:** "Brad McMillan: Similarities Between 2017 and 1999", 30 de junho de 2017, em *Your Money Briefing.* Podcast, MP3 áudio, 5:55. http:// www.wsj.com/podcasts/brad-mcmillan-similarities-between-2017-and-1999/0EB5C970-1D74-4D6C-A7C8-1C8D7D08EC8B.html.

76. **Garotos medíocres que sabem programar:** "25 Best Paying Cities for Software Engineers", Glassdoor. https://www.glassdoor.com/blog/25-best-paying-cities-software-engineers.

Notas

76. **Elas também competem com As Quatro:** Galloway, Scott. *The Four.* Nova York: Portfolio, 2017. https://www.penguinran domhouse.com/books/547991/the-four-by-scott-galloway.

76. **grandes quarteirões em Nova York:** Gustin, Sam. "Google Buys Giant New York Building for $1.9 Billion." *Wired*, 22 de dezembro de 2010. https://www.wired.com/2010/12/google-nyc.

77. **reunião anual do Fórum Econômico Mundial:** "An Insight, an Idea with Sergey Brin". Filmado em 19 de janeiro de 2017, em Davos Klosters, Suíça. World Economic Forum Annual Meeting vídeo, 34:07. https://www.weforum.org/events/world-economic-forum-annual-meeting-2017.

91. **Escrevi um artigo para a** *Esquire*: Galloway, Scott. "Silicon Valley's Tax-Avoiding, Job-Killing, Soul-Sucking Machine." *Esquire*, 8 de fevereiro de 2018.

AMOR

123. **dormirem sozinhas:** Hollman, Laurie, PhD. "When Should Children Sleep in Their Own Beds?" *Life* (blog), *HuffPost*, 3 de novembro de 2017. https://www.huffpost.com/entry/when-should-children-slee_b_12662942.

Notas

124. **dormir com bebês:** "SIDS and Other Sleep-Related Infant Deaths: Expansion of Recommendations for a Safe Infant Sleeping Environment." *Pediatrics* 128, no. 5 (novembro de 2011). http://pediatrics.aappublications.org/content/128/5/1030?sid=ffa523b4-9b5d-492c-a3d1-80de22504e1d.

124. **os japoneses praticam muito o co-sleeping:** Murray Buechner, Maryanne. "How to Parent Like the Japanese Do." *Time*, 17 de julho de 2015. http://time.com/3959168/how-to-parent-like-the-japanese-do.

138. **Mark Greene defende:** Greene, Mark. "Touch Isolation: How Homophobia Has Robbed All Men of Touch." Medium, 7 de agosto de 2017. https://medium.com/@remakingmanhood/touch-isolation-how-homophobia-has-robbed-all-men-of-touch-239987952f16.

138. **O toque é verdadeiramente fundamental:** Keltner, Dacher. "Hands On Research: The Science of Touch." *Greater Good*, 29 de setembro de 2010. https://greatergood.berkeley.edu/article/item/hands_on_research.

144. **50 vezes mais rápido:** Galloway, Scott. "L2 Predictions Instagram Will Be the Most Powerful Social Platform in the World." 26 de novembro de 2014. L2 inc video, 1:24. https://www.youtube.com/watch?v=9bF9PF0Yvjs&feature=youtu.be&t=43.

Notas

144. **imagens de nossa primeira infância:** Heshmat, Shahram, PhD. "Why Do We Remember Certain Things, But Forget Others?: How the Experience of Emotion Enhances Our Memories." *Psychology Today*, outubro de 2015. https://www.psychology today.com/ blog/ science-choice/ 201510/ why-do-we-remember-certain-things-forget-others.

165. **madrastas e padrastos:** Whiting, David. "O.C. Divorce Rate One of Highest in Nation." *Orange County Register*, 25 de junho de 2012. http://www.ocregister.com/2012/06/25/oc-divorce-rate-one-of-highest-in-nation.

168. **uma porcaria de celular novo:** Galloway, Scott. "Cash & Denting the Universe." *Daily Insights*, Gartner L2, 5 de maio de 2017. https:// www.l2inc.com/daily-insights/no-mercy-no-malice/cash-denting-the-universe.

171. **pensamento rápido e devagar:** Kahneman, Daniel. *Thinking, Fast and Slow*. Nova York: Farrar, Straus and Giroux, 2011.

178. **que se espalham pelas calçadas:** Editorial. "6,686: A Civic Disgrace." *San Francisco Chronicle*, 3 de julho de 2016. http://projects.sfchronicle.com/sf-homeless/civic-disgrace.

178. **"tornam o mundo melhor"**: https://qz.com/563375/all-the-philanthropic-causes-near-and-dear-to-the-hearts-of-mark-zuckerberg-and-priscilla-chan.

178. **softwares SaaS e carros sem motorista:** Hudack, Mike. "San Francisco: Now with More Dystopia." *Mike Hudack* (blog). 1 de outubro de 2017. https://www.mhudack.com/blog/2017/10/1/san-fran cisco-now-with-more-dystopia.

179. **escolher a melhor carreira:** Galloway, Scott. "Prof Galloway's Career Advice." 31 de agosto de 2017. L2inc vídeo, 3:54. https:// www.youtube.com/watch?v=1T22QxTkPoM&t=5s.

180. **mais largo que o assento:** Elliott, Christopher. "Your Airplane Seat Is Going to Keep Shrinking." *Fortune*, 12 de setembro de 2015. http://fortune.com/2015/09/12/airline-seats-shrink.

183. **pagam centavos a mais:** Petersen, Gene. "Why You Might Not Actually Need Premium Gas." *Consumer Reports*, 7 de maio de 2018. https://www.consumerreports.org/fuel-economy-efficiency/why-you-might-not-actually-need-premium-gas.

Notas

185. **85% de crescimento de receita pós-recessão:** Close, Kerry. "The 1% Pocketed 85% of Post-Recession Income Growth." *Time*, 16 de junho de 2016. http://time.com/money/4371332/income-inequality-recession.

SAÚDE

214. **Ser babaca com um motorista de Uber:** Newcomer, Eric. "In Video, Uber CEO Argues with Driver Over Falling Fares." *Bloomberg*, 28 de fevereiro de 2017. https://www.bloomberg.com/news/articles/2017-02-28/in-video-uber-ceo-argues-with-driver-over-falling-fares.

215. **A gratidão ajuda as pessoas:** Harvard Health Publishing. "Giving Thanks Can Make You Happier", Healthbeat. https://www.health.harvard.edu/healthbeat/giving-thanks-can-make-you-happier.

217. **Por que um professor de 54 anos:** Galloway, Scott (@profgalloway). https://twitter.com/profgalloway.